L'AGE D'OR DÉVOILÉ.

LYON. — IMPRIMERIE DE J.-M. BOURSY,
RUE DE LA POULAILLERIE, N.° 19.

L'AGE D'OR

DÉVOILÉ,

OU

PLAN D'ORGANISATION

Civile, Politique et Religieuse;

DIALOGUE

SUR LES VRAIS PRINCIPES DU CONTRAT SOCIAL
ET SUR LES MOYENS DE RENDRE TOUS LES PEUPLES, COMME TOUS LES
INDIVIDUS, BONS, SAGES ET HEUREUX.

PAR J. B. P., DU JURA.

Hors d'elle point de salut.

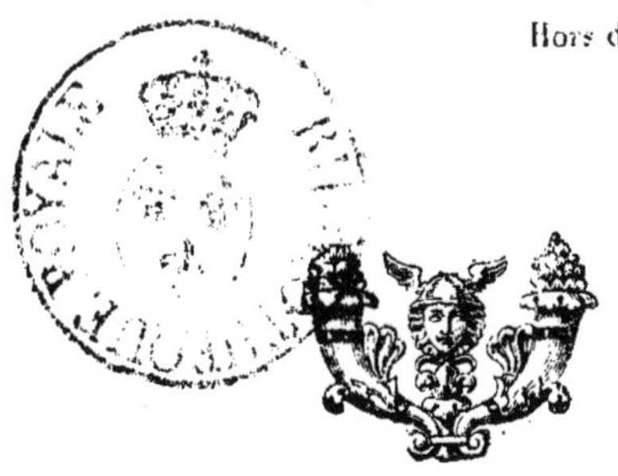

Lyon.

AUGUSTE BARON, LIBRAIRE,
RUE CLERMONT, N.° 5.

1831.

AVANT-PROPOS.

Les scènes sanglantes de la révolution française; le génie désastreux d'un grand nombre des personnages qui l'ont fomentée, opérée et dirigée au nom de la liberté qui n'était que dans leurs paroles, tandis que, par leurs actions, ils favorisaient la licence et l'anarchie pour arriver plus sûrement au despotisme; les déplorables excès qu'a fait commettre un amour mal compris de cette liberté sainte, premier de tous les biens pour les nations comme pour les individus; la belliqueuse usurpation d'un soldat valeureux qui a su river nos chaînes en faisant servir la victoire à fonder le pouvoir absolu; les succès, les revers, les grandes actions, les fautes et la chute de ce soldat à jamais fameux : tels sont les prodigieux événemens qui ont inspiré à un campagnard, sans autre instruction qu'un sens droit et un grand attachement à son pays, les réflexions, les idées et le plan d'organisation générale qu'il publie aujourd'hui, parce que son ouvrage, tout faible qu'il est, lui semble pouvoir être de quelque utilité à ses compatriotes.

Heureux s'il n'est pas dans l'erreur à cet égard ! Mais quand il y serait..... qui pourrait blâmer l'erreur d'un homme de bien !

Assurer la gloire, la puissance, la prospérité aux nations en masse ; le bonheur, la paix et la concorde aux individus en particulier : tel est le problème que notre auteur s'est efforcé de résoudre ; et il faut convenir qu'il a entrepris là une grande tâche. Depuis que les siècles et les générations se succèdent, la solution de ce problème est demeurée ensevelie dans un inextricable labyrinthe. Quand tant de grands hommes ont inutilement tenté d'en découvrir l'issue, on ne peut que savoir gré à M. P..... d'avoir planté quelques jalons au moyen desquels de plus habiles pourront un jour pénétrer jusqu'au sanctuaire où cet incomparable bienfait est renfermé.

Beaucoup de lecteurs penseront sans doute comme nous, et seront loin de partager toutes les idées, toutes les opinions de l'auteur sur les moyens à employer pour réaliser ce grand œuvre d'*organisation civile, politique et religieuse*. Mais beaucoup aussi conviendront avec nous que plusieurs pensées justes, plusieurs observations aussi vraies que profondes sont développées dans cet écrit où domine une grande proposition, mais d'un bien difficile accomplissement, celle d'une parfaite égalité de condition

qui, accompagnée d'une religion simple et universelle, si elle était possible aussi, aurait certainement pour conséquence une complète régénération des mœurs, de l'esprit et du cœur
des hommes. l'anéantissement de toute ambition personnelle, enfin le remplacement du
sordide intérêt privé par un noble et généreux
intérêt public qui deviendrait la base de toutes
les actions et qui assurerait infaillement la félicité générale.

Les bonnes choses que l'on rencontrera dans
ce livre inspireront donc de l'indulgence pour les
erreurs qui ont pu s'y glisser comme dans tout
ce qui est humain; et les excellentes intentions
de l'auteur, ses bons sentimens, son patriotisme
à toute épreuve, lui feront pardonner les fautes
ou les exagérations dans lesquelles il serait tombé.
Le but important qu'il s'est proposé fera tout à-
la-fois son excuse et son éloge ; et il est bien
peu d'écrivains dont on en puisse dire autant!...

Que si, après cela, l'on venait à regarder son
plan d'organisation comme inexécutable, il ne
faudrait pas néanmoins lui en faire un crime.
Les utopies ont toujours été honorables au cœur
et à l'esprit de ceux qui les ont conçues, leurs
conceptions fussent-elles même fantastiques.

C'est d'une production de ce genre qu'un de
nos plus distingués écrivains disait naguères :
« Il y a sans doute de magnifiques rêves de per-

» fectibilité sociale à caresser sous la couverture
» d'un in-octavo ; mais vienne l'application, on
» est tout étonné de se trouver cerné par une
» foule d'obstacles et de nécessités que, dans
» son enthousiasme patriotique et ses vertueuses
» indignations, on n'avait pas même soupçon-
» nées. »

L'AGE D'OR

DÉVOILÉ.

DIALOGUE.

A. — Frappé de l'excessive chaleur de votre conversation sur les moyens de constituer une nation en état libre, et de la singularité de vos opinions pour l'établir, qui ont fortement agité mon esprit par les nouvelles idées qu'elles m'ont inspirées, je viens renouveler l'entretien que nous avons eu sur cette grande question. Donnez-moi cette satisfaction : car j'ai aussi mes idées politiques, et j'aime à en parler avec ceux qui, comme vous, y mettent autant d'intérêt.

B. — J'accepte avec plaisir l'entretien que vous me proposez ; car les hommes, plus occupés en général de leur intérêt personnel que de celui de la patrie, soulèvent rarement de semblables questions. La discussion que nous allons ouvrir nous éclairera sur les causes de ce délaissement, sur les causes qui annulent les tendres sentimens que l'on doit avoir pour sa patrie, pour ses semblables, et sans lesquels les hommes ne peuvent être ni bons, ni heureux, ni puissans en corps de nation. Elle nous découvrira le ressort caché qui dirige si mal à point le sens et les passions des hommes, pour leur commun malheur. Nous parviendrons suc-

cessivement à cette connaissance par le développement des principes qui caractérisent un peuple désuni
par l'esclavage ; par le développement de ceux qui
constituent un peuple en union parfaite en vrai corps
de nation : par l'explication des lois, dans l'un et
l'autre cas, et de l'influence nécessairement opposée
qu'elles opèrent dans ces deux sortes d'état civil. Ces
connaissances acquises nous induiront à celles des
principes d'une institution légitime, et à connaître
l'art de la fonder sans craindre ni trouble ni désordre
dans la société, qu'un bon prince, qu'un despote
éclairé voudrait régénérer.

Avant tout, dépouillons-nous de cette vanité et de
cette présomption si ordinaires aux discoureurs, et
accordons-nous une mutuelle confiance ; je répondrai
à vos questions et aux objections que vous ferez à mes
réponses ; et, secondés par nos sincères désirs de
découvrir la vérité, nous sommes assurés d'éprouver
la douce satisfaction de demeurer d'accord sur le
vrai moyen de fonder le bonheur public.

Sans autre préliminaire, commencez.

A. — Qu'est-ce qu'une nation ?

B. — Ce sont des hommes occupant une contrée de
la terre plus ou moins étendue, ayant le même langage, les mêmes coutumes et les mêmes mœurs, toujours disposés à agir de concert pour assurer leur
tranquillité et leur bien-être. Le lien qui les maintient
dans cette union est de la nature de leur espèce, il est
aussi puissant que le lien qui attache à la vie. Ne
pouvant vivre isolément, à raison de leur faiblesse
individuelle, ils sont contraints de s'unir et de se prêter
mutuellement les secours si nécessaires à la douceur

de leur existence ; mais ces sociétés, auxquelles la nature les a assujettis, sont constamment exposées, par
des causes variées à l'infini, à se diviser pour se
nuire et même se détruire, si l'art, fruit de l'expérience et de la raison, ne prévient les calamités de
ces dissolutions civiles par une légitime institution.

En effet, la démocratie pure, cette seule, primitive et naturelle forme de gouvernement, qui se crée
sans prévoyance par le seul sentiment du besoin, ne
peut plus se soutenir dans une nation qui se trouve
exposée, par le plus léger événement, à perdre son
équilibre d'ordre et d'aisance, et, par ce moyen, ses
premières vertus, cette simplicité de mœurs, cette
égalité de goûts et d'opinions si nécessaires à sa conservation. N'y ayant point de maître, parce que les
hommes y sont magistrats et sujets tout ensemble, il
n'y a plus de puissance pour résister aux divisions,
aux partis qui se forment par cette altération, et l'on
tombe enfin dans l'autocratie ou despotisme populaire, qui est l'anéantissement de la démocratie, de ce
gouvernement légitime et naturel. C'est par suite de
cette décadence, effet de l'imprévoyance, que, dès
les temps les plus anciens, se sont établies toutes les
formes de despotisme qui pèsent aujourd'hui sur toutes
les nations de l'univers, et que la sagesse et l'intelligence humaines peuvent facilement anéantir en fixant
une forme de gouvernement qui remette en vigueur
les droits naturels et imprescriptibles de tous les citoyens, en concentrant d'une manière solide et éner-
gique leur intérêt commun : telle est la magistrature
de la monarchie et de l'aristocratie, dans la démocratie et théocratie (ces deux mots sont presque, ici,

synonymes) qui est le seul gouvernement légitime.

Puisque la démocratie, seul légitime gouverne-ment, se trouve exposée à tomber, à plus forte raison l'aristocratie et la monarchie dégénèrent-elles en despotisme aristocratique ou monarchique, comme conséquence nécessaire de ce premier désordre. Dans tous ces cas, la nation cesse d'exister, toutes les idées d'association sont anéanties : les lois qui régissent se créant et s'exécutant par un ou quelques hommes, sans approbation nationale, la nation entière n'est plus qu'une corporation de sujets aussi dépravés dans leurs mœurs, leurs habitudes et leurs goûts, que le despotisme est écrasant pour soutenir son luxe et sa domination. Des esclaves ne peuvent plus former un corps de nation ; n'ayant en possession ni leur personne, ni leur fortune, ni leur jugement, ils ne sont plus eux-mêmes. Subjugués par la puissance qui les domine, ils ne peuvent avoir d'autres sensations que celles qu'ils empruntent de la conduite variée de leur maître, qui les afflige ou qui les flatte selon ses intérêts. selon son bon ou son mauvais génie ; cet état déshonorant à l'humanité, cet état qui anéantit l'ordre et l'harmonie parmi les hommes, n'est ni dans l'ordre civil, ni dans l'ordre moral, parce que l'injustice, l'inégalité de condition, de sort, d'état et d'éducation ne peuvent jamais être les bases d'un gouvernement.

A. — Vous faites dépendre la liberté et le bonheur d'un peuple de l'exercice de la puissance législative en corps de nation, et vous prétendez que dès qu'il n'exerce pas ce droit, il est assujetti, et que ses mœurs et sa morale se corrompent. Je crois ce principe vrai,

mais je le conçois impraticable dans une grande nation ; car, comment plusieurs millions d'hommes peu-
vent-ils voter sur les lois ? Il y a impossibilité ; et
vouloir rendre un peuple libre d'après ce système, ce
serait exposer l'humanité à de plus grands maux que
ceux qu'elle éprouve par l'existence civile actuelle.

B. — Votre objection est cette objection commune ou
populaire qui se propage sans réflexion, et qui ne se
soutient dans l'opinion générale que par l'ignorance
d'un meilleur sort, comme par l'impulsion des dominateurs intéressés à persuader au public que le peuple
en masse n'a pas le sens commun. C'est par cette
erreur que s'entretient l'iniquité civile, que se trans-
forme le vice en vertu, l'injustice en droit, et la raison
en folie. La plus légère méditation va vous convaincre
de ces vérités, va vous convaincre de votre erreur.

Un peuple en corps de nation peut se comparer à
un seul individu qui médite et qui agit pour son
bonheur, qui n'est et ne peut être ici que le bonheur
particulier de tous, sous un seul point de vue, par
rapport à tous les membres, à toutes les parties de
ce corps. Ce corps, pour se mouvoir, a deux facultés
essentielles qui sont en lui et par lui, celle de vouloir
et celle d'exécuter : de vouloir et d'exécuter par la
force et par la puissance de son mouvement d'organisation. Si donc la faculté législative n'est pas dans
le corps entier, la faculté exécutive n'y est pas non
plus, et l'état n'est plus un, n'a plus de vie ; c'est une
mort politique qui délie les citoyens de toute société,
qui les disperse, qui les divise, de manière que chacun d'eux, sans autre soutien, sans autre protecteur
que cette volonté étrangère à tous les cœurs, ne peut

plus méditer, ne peut plus agir que pour son intérêt privé, selon le rang, la fortune ou le hasard le fixent. L'inégalité de condition qui naît des diverses positions que l'intrigue ou l'avarice détermine, détruit cette intelligence civile ou nationale, cette sensibilité publique, qui sont le principe de vie d'un état libre, et leur substitue des illusions et des sensations propres à corrompre son intelligence et son jugement. Dans cet état de désordre, la cupidité des richesses est la passion la plus séduisante, la plus active et la plus corruptrice, parce que ce sont elles qui dispensent du travail, qui créent les honneurs et les distinctions ; ce sont elles qui montrent ce fantôme de bonheur que l'on voit dans les dépravations du luxe et de la débauche ; ce sont elles enfin qui fixent les hommes en plusieurs classes, les unes pour commander, les autres pour obéir, et tous pour s'insulter, se tromper et s'avilir respectivement, par les plus noires, les plus viles et les plus infâmes actions. Existence civile qui contraste avec l'ordre et la paix ; existence qui, en éteignant le germe des vertus humaines, entretient cette continuelle fermentation d'injustice qui n'étonne plus. Façonnés à cette éducation, à ces mœurs introduites par des lois qui interviennent constamment, plus vicieuses encore que les propres vices des citoyens, ils deviennent hors d'état de sentir la source des maux qui les désolent : bas et vils, ils applaudissent et ne raisonnent plus ; par ce silence de la raison, tous tremblent, maîtres et sujets ; tous sont agités d'inquiétudes et de remords, sans pressentir que cet état d'incertitude provient de l'exercice usurpé de la souveraineté nationale, et de ce droit divin sans lequel il n'y a plus qu'un polythéisme affreux, qu'un désordre perpétuel que l'on ne peut calmer qu'en aggravant encore les chaînes de la servitude, jusqu'à ce qu'enfin elles se brisent avec fracas; et le moyen unique pour éviter le retour de semblables événemens qui se sont passés sous nos yeux, c'est de respecter enfin la souveraineté, qui est la nation même ; c'est de réveiller et de mettre en activité ce droit divin, le seul fait pour fonder éternellement le bonheur des hommes.

Observez que puisqu'un despote peut facilement faire exécuter sa volonté par ses agens mercenaires, pourquoi la nation, par la médiation de magistrats créés pour l'exercice de sa puissance, ne pourrait-elle pas approuver ou rejeter ses lois, selon sa sensibilité ? Il y a parité dans ces deux facultés, et votre objection d'impossibilité de faire voter plusieurs millions d'hommes sur les lois se trouve levée par cette seule réplique : ce qui est juste et légitime, n'offre jamais d'inconvénient. Et si la nation était réintégrée dans le droit légitime et sacré de voter sur les lois, quelle heureuse révolution n'opèrerait-elle pas dans les esprits? l'ordre, le bonheur et l'allégresse générale qui apparaîtraient, exciteraient la plus grande activité et la plus grande intelligence pour fonder ses lois, par la médiation d'une magistrature dont je me propose de vous donner une juste idée, car elle est la partie essentielle du gouvernement démocratique, qui ne peut subsister que par une organisation théocratique ou spirituelle.

A. — Je ne suis point encore séduit par votre raisonnement. Un peuple est-il capable de voter sur les lois ? la majorité du peuple est sans instruction, sans prudence : comment pourrait-il discerner ce qui lui est utile d'avec ce qui peut lui nuire? un conseil de gens sages et éclairés que le peuple nomme, soit médiatement, soit immédiatement, vaut mieux, ce me semble, et évite tous les inconvéniens de l'ignorance. Moi, j'approuve fort le gouvernement représentatif, parce qu'il écarte tous les embarras d'une consulte générale.

B. — Votre résistance à mon raisonnement montre le peu de fruit que l'homme privé reçoit d'une vérité qui bouleverse les idées qu'il s'est formées sous le régime du pouvoir absolu. Tous les esclaves se ressemblent; ils aiment par habitude les chaînes qu'ils ont constamment portées : voilà pourquoi un peuple dans l'état d'esclavage n'a pas de jugement public; et, sans jugement public, je comprends comme vous qu'il ne peut voter équitablement sur les lois; il ne conçoit que son intérêt particulier, qui l'emporte sur l'intérêt général qu'il a oublié, qui n'est rien pour lui; ce qui n'est pas et ne peut pas être d'un peuple libre, où l'intérêt privé n'est rien, où l'intérêt public est tout. Réveiller ses sensations civiles, le rendre à sa liberté, à la société nationale, c'est changer son être; alors son jugement s'aggrandit, ses idées s'éveillent, se rectifient; la bonne-foi, le désintéressement, l'esprit d'union, d'amour et de paix se rétablissent d'eux-mêmes et comme par enchantement; les hommes ne sont plus les mêmes, tout est changé, intelligences, mœurs, coutumes : ce qui se pratiquait, ce qui se faisait, ne se fait plus. Cette différence démontre que toutes les imperfections humaines sont de l'essence de la servitude, comme toutes les vertus sont les attributs de la liberté; d'où naît cette conséquence, qu'un peuple libre par une vraie institution ne peut jamais tomber dans un état de trouble et d'anarchie; la justice et la vérité y étant en plein exercice, y consolident la paix pour toujours, et jamais l'ignorance ne peut troubler l'état. Comment cela serait-il possible quand tous les citoyens sont éclairés également, sont animés d'un même esprit, d'un même intérêt? d'ailleurs, ce n'est jamais l'ignorance qui trouble les nations, ce sont les jalousies, les injustices et les haines qui naissent de l'inégalité des conditions; c'est cette inégalité même qui fonde son ignorance, qui l'abrutit et l'avilit, vrai point d'où part l'erreur qui vous fait préférer le gouvernement représentatif que je combats. Voilà, je crois, des vérités sans réplique; car on ne peut, sans violer cette première justice de laquelle émanent tous les bienfaits de la Providence en faveur de l'humanité, annuler ou mitiger le droit de la souveraineté; il est absolu, parce que tous les citoyens ont droit directement à la législation de la patrie. De ce principe découle celui-ci, qu'une nation ne peut pas être légitimement gouvernée par des hommes qui en aient la charge, soit comme rois, soit comme représentans, parce que le peuple n'est pas un corps idéal; c'est un corps réel, toujours présent, pensant et agissant; il est et ne peut cesser d'être, conséquemment il doit vouloir, il doit agir par lui-même, sans intermédiaire entre l'homme privé et lui. Ceci vous paraît un problème insoluble; mais il s'expliquera par la suite; continuons.

Je dis donc que c'est par la subversion la plus

injuste du droit légitime et sacré de la nation, que nos modernes instituteurs se sont attribué la puissance législative, et ont seulement délégué, au peuple d'abord, puis à une très-légère portion du peuple, la triste et immorale faculté d'élire ses députés ou représentans. Ils ignoraient sans doute que la liberté d'une nation ne peut dépendre que de la nature, qui sait toujours inspirer à l'homme en société tout ce qui lui convient pour sa sûreté et son avantage; qu'elle ne peut dépendre de la volonté d'un homme, de quelques hommes, ou d'assemblées de députés ou de représentans, qui ne peuvent représenter que leurs volontés privées, et non celles de la nation; ou que la volonté d'un parti, quand ils sont en mésintelligence; ou que la volonté d'un prince, quand ils sont sous la dépendance d'un seul maître; d'où il suit que tous les actes que ces individus, que ces corporations exécutent sur le public sont des actes de tyrannie, contre lesquels les peuples ne peuvent se soustraire, à raison de leur faiblesse individuelle et de leur mésintelligence, état funeste de la mort du corps politique. Cet état de choses porte dans les esprits un venin qui se garde et se conserve, et dans lequel se germent les troubles et les guerres civiles qui désolent les nations.

La guerre civile est la plus grande des calamités, mais elle est toujours le fruit amer de la tyrannie; et quand la tyrannie prévaut, tout est perdu par elle: joie, bonheur, probité, confiance, amitié, tous ces doux liens qui unissent les hommes, sont brisés. Et c'est malheureusement à ce période de la tyrannie que les despotes se disent, dans leurs délires insensés: « Nous sommes en sûreté, nos sujets se dévorent, ils s'enlèvent réciproquement leurs richesses, dont nous grossissons nos trésors par le mécanisme de nos lois, qui maintiennent et consacrent la propriété privée à laquelle chacun s'attache fortement, en oubliant la patrie, par cette illusion d'autant plus grande que, croyant posséder, ils ne possèdent rien, leur existence et leur fortune n'ayant ni sûreté ni solidité. »

Aussi voyez-les comme ils sont acharnés les uns contre les autres, pour accroître ou maintenir leurs biens et leurs droits particuliers! on peut les comparer à des chiens qui chassent pour leurs maîtres, ou à des manœuvres qui s'épuisent en travail pour un salaire qu'ils n'obtiennent jamais ; cependant on doit excepter quelques privilégiés courtisans ou favoris des maîtres qui, pour se les assujettir et les lier à leur domination, ont créé en leur faveur des biens inaliénables. Ces exceptions sont des injustices qui ne sont ni dans le vœu ni dans l'intérêt des nations, qui ne sont que des troupeaux d'hommes agissant individuellement, sans autre ordre que le caprice de chacun, selon les bornes des différens intérêts. La souveraineté est une puissance spirituelle et collective, et tous les actes qui n'émanent pas de cette puissance sont faux et injurieux à l'homme. Le principe contraire, qui est adopté et cru, est que la souveraineté réside dans la personne royale, assistée de conseil et de chambres des pairs et des députés ; qu'elle est sans limite dans ses mains ; qu'il peut faire et défaire les lois à sa volonté. Voilà bien, là, l'erreur à la place de la vérité, l'iniquité mise à l'ordre, et le despotisme consacré avec toutes les misères qui en sont la conséquence ; aussi chacun en particulier ne croit vrai que ce qui peut flatter sa vanité, son orgueil et ses vices; et, au milieu de cette anarchie des intelligences, le despotisme se fortifie et s'aggrave, jusqu'à ce qu'enfin une grande commotion vienne étonner une multitude d'insensés et de présomptueux. Ces commotions qui arrivent ne déplaisent point aux peuples ni aux sages, parce qu'ils sentent leur dégradation; et, malgré l'horreur qui se proclame contre les révolutions, ils n'en sont jamais inquiets. Reportez-vous un instant à la naissance de celle qui vient de se refroidir : quelle union! quel accord! quelle confiance en ceux qui en furent les premiers auteurs! quel zèle dans les jeunes gens pour se vouer au service de la patrie! l'idée seule de la liberté, la magie de ce mot, a opéré cet élan national, ce désintéressement, cet amour de la patrie qui a étonné l'Europe par une bravoure et un héroïsme que les despotes étaient bien loin de soupçonner; mais la discorde, fille de l'ambition, unie à l'ignorance absolue des représentans de la nation, a annulé entièrement cet esprit de patriotisme, et remis les mœurs au même point qu'elles étaient; peut être sont-elles pires encore. En effet, le joug qui oppressait le peuple, la verge qui le frappait, et les tributs qu'on lui imposait, loin de s'alléger, se sont aggravés à un point insupportable; les anciennes maximes du gouvernement ayant été rétablies, le peuple a changé de caractère : de joyeux qu'il était de l'espérance d'un meilleur sort, il est retombé dans un état de tristesse et de langueur.... Je vous laisse à cet égard toutes vos réflexions.

Aujourd'hui nous avons une charte; mais, il ne faut pas se le dissimuler, le despotisme constitutionnel corrompt les cœurs tout aussi fortement que le despotisme arbitraire, il est le même dans ses effets ; car la loi qui n'émane que de certains hommes en conciliabule particulier est toujours indifférente ou ignorée des citoyens sur lesquels elle pèse, et toujours elle est liée à cette légère portion de citoyens qui aggrave l'autre ; elle n'est bien entendue que par ceux qui la font ; elle est multipliée et obscure, parce qu'elle n'existe que pour le fléau de l'humanité, que pour livrer les hommes à tous les excès et à tous les vices ; et, par une conséquence aussi absurde qu'inhumaine, elle nécessite des lois pénales pour la répression des crimes et des délits que ces mêmes lois provoquent.

Quels délits les lois ne provoquent-elles pas ? toutes, sans en excepter une seule, tendent à l'incivilisation des hommes et à la corruption de leurs cœurs : celles sur la parenté résultant des actes civils de mariage, celles sur les successions, sur la faculté indéfinie de vendre, d'acheter, de disposer, sur la faculté de constituer des obligations et des hypothèques ; celles qui règlent les contrats et leurs formalités : enfin les lois des subsides, qui tiennent à toutes les autres, consacrent l'isolement des personnes de leurs droits et de leurs propriétés, et par ce moyen établissent de fait la discorde, l'incertitude de la propriété, favorisent les passions d'avarice, de domination, et l'inégalité des conditions ; divisent et distraient en tous les sens les opinions, et deviennent enfin la source des haines et des divisions intérieures ? Et vraiment encore comment ces lois s'exécutent-elles ? Toutes, par leur complication et leur matière, sont méconnues plus ou moins par le peuple, et appliquées froidement et sans réflexion, sans discernement par les corps administratifs, par les corps judiciaires, et par les agens des finances, trois systèmes différens d'officiers mercenaires du choix du prince, toujours disposés à en aggraver le poids contre leurs cliens en faveur de leur maître, par cette stupide routine à laquelle ils ont été pliés, exercés ou dirigés; tous ces fonctionnaires, stupidement dévoués à leurs emplois par une vaine gloire, par avarice personnelle et par oubli de leur patrie, reçoivent journellement des instructions clandestines pour corriger, interpréter ou froisser le texte de la loi ostensible à laquelle les citoyens osent se fier. Toutes ces lois ne sont que des masques à l'aide desquels on frappe des coups dans l'ombre, pour étonner par l'effroi et la crainte, détruire l'esprit d'union qui pourrait naître dans les cœurs, inspirer à tous la défiance des uns à l'égard des autres, afin de rendre les sujets méprisables envers le prince, et méprisables entre eux, et de leur persuader faussement la nécessité d'une police pour réprimer les délits et les mauvaises actions que ce gouvernement odieux rend naturels à l'homme.

Aussi, dans cette situation malheureuse, le peuple, fatigué de crimes sans en connaître la source, ne conçoit pas d'autre moyen, pour arrêter et punir ces crimes, qu'un code pénal, qui est le complément de l'inhumanité. Un code criminel pour arrêter et punir les crimes! quelle erreur homicide! tandis que l'échafaud et les crimes sont les crimes du despotisme et des lois tyranniques. Cette inconséquence convient à un pareil gouvernement : après avoir corrompu les hommes, il les tue. Et qui tue-t-il? les plus pauvres, les plus malheureux, ceux qui quelquefois ont été dépouillés des biens sur lesquels ils fondaient leur paisible existence; ceux que l'exemple des mauvaises actions impunies a trahis; ceux qui sont tombés dans le désespoir par des causes qui peuvent atteindre ceux qui y pensent le moins; enfin, d'honnêtes gens dénoncés par la lâcheté, comme suspects au pouvoir. L'égoïsme des individus, la turpitude de leur âme, les rendent insensibles à ces maux particuliers, sans leur laisser prévoir qu'ils peuvent tous éprouver d'un instant à l'autre les plus vives alarmes dans leur personne et dans leur fortune. Voyez et concevez combien il y a de piéges tendus pour surprendre la bonne-foi et la confiance; combien d'agens salariés, qui, avec des actes d'autorité à la main, arrivent dans les domiciles pour sucer avec avidité les produits du laborieux cultivateur, de l'industrieux manufacturier, pour en troubler la source, et les jeter dans un désespoir dont les suites sont si funestes; car il change le cœur du malheureux et de tous ceux qui se trouvent liés à son sort. Délaissé, misérable, il s'isole, il devient triste et pensif, il combine des forfaits, ou plutôt une amélioration malhonnête de ses pertes, dont la plus légère portion va s'expier dans les fers ou sur l'échafaud. Par cette exposition de nos misères peut-on espérer jamais des mœurs appropriées au bonheur et à la paix?

« O vous qui êtes maîtres, et qui ne voyez le bien
» public que comme il est établi, parce que le hasard
» ou la violence vous a placés au suprême degré sur
» vos semblables, apprenez que vos grandeurs vous
» rendront malheureux; vous le serez, vous et votre
» postérité, avec tous ceux qui flattent et favorisent

» votre domination. Les événemens qui se sont passés
» sont le fondement de ma prophétie : vous serez dé-
» laissés par la majeure partie de la nation, qui n'est
» rien, parce que vous avez usurpé tous ses pouvoirs,
» tous ses droits les plus sacrés et les plus légitimes ;
» et elle ne peut ni ne veut prendre aucun intérêt à
» votre sort malheureux. Victimes de vous-mêmes et
» de tous vos subalternes mercenaires, vous verrez
» votre puissance chavirer, envahie, et exciter des
» rivalités, des guerres, des guerres civiles, et des
» maux de tous les genres. »

Si je fais cette terrible apostrophe aux dominateurs,
ce n'est point pour les outrager, ce n'est pas là mon
but : mais c'est pour toucher vivement leur âme et
éveiller leur attention, en leur faisant connaître que
la justice divine ne permet pas que l'iniquité reste
impunie, et qu'elle n'a d'autres voies et moyens, pour
établir l'ordre parfait qui est de son essence, que de
soulever enfin par la force de l'iniquité tous les esprits
asservis et humiliés, et d'avertir ainsi les princes qui
arrivent au pouvoir absolu, qu'ils désobéissent ouvertement à ses décrets, quand ils méconnaissent les
obligations que leur impose cette dictature de cir-
constance à laquelle la fortune les a appelés ; dictature
qui ne leur confère point le droit de faire des lois,
comme ils ont coutume de se le permettre, ni d'exécuter les anciennes lois fausses et injustes qui avaient
été établies avant eux : le bon ordre et la justice divine
s'y opposent : car les peuples n'ont jamais fait et ne
sont point en droit de leur faire la concession d'une
semblable faculté. Ce droit appartient à Dieu : et ici
c'est Dieu qui doit agir et parler, et non pas eux.

Le seul droit qui leur est accordé plus particulièrement qu'aux autres hommes, à raison de leur
prédomination, c'est d'instituer le peuple en corps
de nation sur les bases de la démocratie sans restriction, comme étant le seul gouvernement légitime et
divin, par lequel Dieu, le seul maître des hommes,
peut penser, parler et agir par la médiation du peuple,
qui seul a le droit de faire ses lois et de les accomplir.
En effet, n'est-il pas ridicule qu'un homme, au milieu de ses semblables, dise : « Je suis seul le maître,
ma volonté doit être exécutée sur tous mes sujets. »
Il est seul en effet, non comme maître, une nation
n'en comporte pas, mais comme le point d'appui,
le centre de ralliement de la sagesse, qui est
cachée, dispersée et désunie par le désordre; son
pouvoir légitime, celui que la nature lui a conféré
plus particulièrement qu'aux autres hommes, à raison de sa prédomination, est borné à la simple
qualité d'instituteur et de fondateur de la liberté
publique. Aussi la monarchie absolue ne peut jamais
être considérée que comme le commencement de la
civilisation ; c'est une période ou articulation de la
Providence, quand le pouvoir absolu d'un seul prévaut sur les pouvoirs arbitraires des factions qui
constituent l'anarchie ; elle a voulu de cette manière
éteindre le feu des passions particulières, consoler
l'humanité affligée, ramener la raison et le calme
dans les esprits agités et égarés, et cette espérance de
bonheur recherchée de tous les hommes. Mais cette
espérance a toujours été vaine, parce que ceux qui
ont été assez heureux pour saisir la toute-puissance,
ont méconnu et oublié les devoirs que Dieu ou leur

conscience leur imposait, et ils sont restés passifs sur le faîte du temple de la patrie, de manière que tous les désordres que la Providence avait voulu anéantir se sont combinés sous une forme nouvelle, qui ne change point le sort malheureux de l'humanité, qui, au lieu de subir une anarchie armée, subit une anarchie d'avarice et d'ambition privée : ayant besoin d'appui, étant faibles et sans vrai génie, ils concèdent familièrement des titres et des priviléges, des honneurs et des richesses ; ces concessions multiplient les flatteurs, les courtisans, les favoris, et ceux-ci ont d'innombrables cliens, sans honneur et sans patrie, toujours disposés à accueillir par acclamation tout ce qui peut flatter l'orgueil des grands, des sots et des pervers : terrible labyrinthe, duquel on ne peut sortir que par la vertu d'un prince assez courageux, assez ami des hommes, assez éclairé pour repousser l'esprit de ténèbre qui l'environne, et proclamer ouvertement l'intention formelle d'organiser la nation de manière qu'elle puisse exercer elle-même sa puissance. Un tel prince serait bientôt placé au rang des dieux ; il serait dieu en effet, car Dieu est la bonté même et le plus parfait des esprits : que de grandeur et de majesté dans cet œuvre ! le prince qui le réaliserait serait heureux du bonheur commun, et grand de la puissance nationale.

A. — Je conçois très-bien que la liberté tranquillise, rassure et maintient les hommes en paix ; qu'elle est la mère et la protectrice de toutes les vertus de bienfaisance, de prospérité et de gloire ; qu'un maître absolu fait frémir jusque dans sa générosité et sa bonté même ; et qu'il ne peut y avoir ni joie, ni allégresse, ni félicité pure quand le pouvoir légitime est exercé par un despote qui s'entoure de grands , de nobles , de prêtres et de représentans dont les œuvres sont désavouées par la nation entière. Le despote , au milieu d'un pareil tourbillon , n'est que le jouet des vents , car ce sont les caprices des courtisans qui proposent les lois , qui les délibèrent et les décident avec des députés trompés et séduits , sans pouvoir spécial : aussi le peuple ne prévoit-il alors que des maux.

B. — Ces maux sont d'autant plus certains que ceux qui les causent ne les aperçoivent point, ne croient pas devoir jamais en éprouver les effets; et qu'avec des maximes qui leur sont particulières, ils disent que quelle que soit la forme du gouvernement, le despotisme n'ôte rien à la liberté individuelle, pourvu que l'on se conforme aux lois et aux ordonnances. Prenant leurs erreurs pour des vérités, ils se tranquillisent, leur esprit s'appauvrit et s'énerve, sans qu'ils en connaissent le vide. Liberté individuelle ! qu'est-ce que cette liberté, où l'homme se trouve isolé en sa personne et en ses biens, où tous ses droits sont limités par des lois obscures et contradictoires , qui tantôt permettent, et tantôt défendent ? Non : cette liberté individuelle n'est point la liberté civile; n'est point la liberté qui nous fait préférer notre famille à nous-mêmes, et notre patrie à tout ce que nous possédons de plus cher ; n'est point celle enfin qui inspire l'amour réciproque, le désintéressement et toutes les vertus de bienfaisance qui accompagnent la tendre et sensible humanité : elle a d'autres règles , que nous expliquerons dans la continuation de notre entretien.

A. — Le gouvernement despotique , selon vous ,

étant un gouvernement de factieux et d'intrigans, dont la funeste influence est si peu sentie, où se trouvera l'homme, le despote, le prince ou le sage téméraire, pour intervertir cet ordre illégitime, et substituer un nouvel ordre qui puisse exciter, éveiller et fonder la félicité publique d'une manière solide et éternelle?

B. — J'avoue avec vous qu'il y a de grands obstacles à vaincre : outre les préjugés qui obscurcissent le droit public, il est assez difficile de rompre un pacte de corruption qui élève au pouvoir absolu des hommes qui ont directement ou indirectement intérêt à s'y maintenir. L'art de persuader n'est rien devant ceux que l'inquiétude personnelle met constamment en défiance, devant ceux qui redoutent les plus légères novations, dans la crainte d'une chute honteuse, dans la crainte de déplacemens préjudiciables à leur poste éminent et à leur ambition. Tous habitués à porter des chaînes différentes, celles des grands, dorées, douces, légères et souples, très-difficiles à rompre ; celles des sujets, dures, lourdes et fortes, dont les grands se complaisent à les charger, en redoutant extrêmement qu'ils ne les fracturent, les esprits deviennent inconciliables sur ce point important de leur bonheur mutuel. Dans cet état de choses, il n'y a plus parmi les hommes de toutes les classes d'autres communications qu'en ce qui peut concerner leur intérêt personnel, selon leur rang et leur misérable situation ; il n'y a plus qu'un langage faux, qu'un langage affreux qui met en interdiction tous sentimens de bien public : état violent, qui met en opposition, en contradiction tous les intérêts, tous les jugemens, et dont la mobilité continuelle, disposant sans cesse à des événemens extraordinaires toujours plus fâcheux les uns que les autres, produit un mouvement de révolution tantôt précipité, tantôt insensible, qui tend sans cesse de la monarchie absolue à l'oligarchie non moins funeste, sans que jamais le peuple y ait aucune part, si ce n'est pour en supporter le poids. Ces novations sont indépendantes des prévoyances humaines; elles arrivent toujours à des époques que notre intelligence ne peut ni prévoir ni connaître, parce qu'il est de la nature de l'injustice de ne pouvoir se maintenir en équilibre, de détruire, d'opprimer, et de n'avoir aucun moyen régulier pour fixer sa durée, sa solidité. On peut comparer les grands et les puissans d'un tel état à ces mouches indiscrètes qui piquent et tourmentent le triste cadavre du corps politique, et finissent, en cessant leur existence, d'y déposer le germe des insectes qui doivent le dévorer encore sous une autre forme. La nature, qui ne change jamais les choses, est toujours régulière dans son mouvement; bonnes, elles sont invariablement bonnes; mauvaises, également : c'est pourquoi nous ne devons jamais espérer que des révolutions inutiles au bonheur de l'humanité, tant qu'il n'apparaîtra pas un nouveau Licurgue, qui, faisant peu de cas de la puissance pour lui-même, ne s'en serve précisément que pour établir une forme de gouvernement digne de sa grande âme, capable de rompre le cercle vicieux dans lequel tourbillonnent sans cesse les despotismes aristocratiques et monarchiques. Il ne peut y avoir qu'un homme de génie qui puisse fonder un vrai gouvernement; car plusieurs hommes, quelqu'éclairés qu'ils soient, ne peuvent point se concilier

dans les grandes abstractions que présentent le plan
et l'exécution d'un ordre légitime. Plusieurs peuvent
bien, non pas sans grande lutte, renverser la tyrannie par le sentiment naturel de jalousie ou de haine;
mais jamais édifier la liberté, car la jalousie, qui
les a excités dans le premier cas, s'oppose au succès
du second. C'est pour avoir ignoré ces vérités que
la patrie s'est trouvée jetée dans l'anarchie la plus
cruelle ; c'est pour avoir méconnu le principe qui
fonde la liberté, que les délégués de la nation, après
avoir saisi le pouvoir absolu de Louis XVI, au lieu
d'accomplir la loi tacite du souverain, qui portait :
« Nous vous choisissons pour réformer le despotisme
» sous lequel nous gémissons, et pour nous instituer
» en état libre, » se sont tout simplement mis à sa
place, en faisant des lois sans en avoir le droit, ayant
ainsi converti le despotisme monarchique en despotisme oligarchique électif. Cette nouveauté n'a eu
d'autres effets que de changer la forme des calamités
publiques, que de réveiller, dans le cœur des sujets
de tous les états, des passions aussi variées que l'é-
taient leur fortune, leur rang et leur éducation.
De tels hommes, délibérant en conseil avec l'ivresse
du pouvoir absolu qu'ils ne devaient qu'au hasard
des événemens, n'ont pu donner à la patrie que le
scandale de ces luttes sanguinaires et de ces lois sans
suite et sans liaison, qui ont causé des calamités af-
freuses, qui ont opéré la ruine de toutes les sensations
affectives pour la patrie qui parurent dans le principe de cette grande mutation. Du sein des orages on
vit naître diverses factions qui, renversées tour-à-
tour, ont dans leur courte durée donné à la patrie

plusieurs constitutions , qui se sont bien plus ressen-
ties du volcan de leurs passions que de leur sagesse
et de leur génie, puisqu'elles ne furent que des
imitations de celles de l'Angleterre et des États-
Unis de l'Amérique , qui n'auraient jamais dû leur
servir de modèle. Toutes deux bâties sur le même
principe de représentation , caractère du gouvernement despotique oligarchique , elles n'ont pu résister
au torrent de l'esprit de destruction ; faibles contre
l'ambition , parce que les droits essentiels de la nation
y étaient méconnus, elles ont toutes été renversées
par les factions : en effet, quelle force une institution
vicieuse, un acte nul et sans effet, peut-il opposer
contre la puissance des intérêts privés , contre
l'activité des intrigans et des dominateurs, dans le
centre d'une nation sans organisation, sans puissance ?
elles ne furent donc que de graves et respectables
absurdités, qui ont fasciné un moment les yeux de
la multitude.

A. — Puisque les hommes ne sont malheureux que
par l'effet de leurs mauvaises institutions, quelle serait
la forme de celles à leur donner pour les rendre actifs, intelligens, bons et heureux en corps collectif ?
Je ne peux pas m'en former une idée , ni l'idée d'une
démocratie, dans un vaste état , que vous prétendez
être le seul gouvernement légitime. Votre juste
censure de l'état civil actuel me persuade que vous
connaissez le secret de cette opération : expliquez-
moi votre système, je l'écouterai avec plaisir.

B. — L'esclave de ses préjugés, l'ignorant, l'esclave
de lui-même, l'homme privé qui n'a jamais réfléchi
que sur des choses ordinaires et d'usage , selon son

rang et sa place dans l'ordre du despotisme, croit volontiers qu'il ne peut pas y avoir d'autres règles que celles auxquelles il a été assujetti par son éducation. Les idées nouvelles et les grandes idées libérales ne sont plus de son ressort; et quand, par des événemens très-rares, quelques génies osent en faire apparaître, jamais elles ne touchent cette pesante masse des individus, tous désunis, tous hébétés par leur intérêt privé : l'esprit ne manque cependant pas aux hommes, ils en ont; mais, isolés parmi leurs semblables, leur esprit ne roule jamais que sur des bagatelles ; ils ne sont entr'eux que des échos qui se répètent, sous mille formes brillantes, les mêmes idées sur les différens sujets qui les occupent, mais jamais sur ce qui peut les intéresser collectivement. Lorsque le public est agité par quelques événemens, par quelque fête remarquable, il se fait des livres à l'infini, il s'en compose des bibliothèques immenses, et le miel de toutes ces belles fleurs d'esprit est si peu substantiel à l'âme, que l'on ne saurait en tirer la moindre nourriture pour son jugement. Depuis que l'on s'occupe à perfectionner les sciences, nul ne s'est encore aperçu de cette inclinaison de l'intelligence humaine vers les objets qui lui sont inutiles. D'où provient cette erreur ? de son gouvernement vicieux : son influence est si funeste qu'elle corrompt et avilit l'esprit humain, rétrécit son élan, et l'empêche de s'exalter au-delà des vieilles routines. Il y a même du danger de faire apparaître au public une vérité importante. Christophe Colomb ne faillit-il pas d'être jeté à la mer comme fou, pour avoir conçu qu'il existait un autre hémisphère ? Je fais cette petite

digression pour vous préparer à écouter sans pré-
jugé le vrai système d'institution sociale que vous
désirez connaître, non-seulement convenable à une
nation, mais qui peut, avec le temps et l'expérience,
s'étendre à toutes les nations de l'univers, pour ne
former plus qu'une démocratie universelle : car toutes
les nations n'ont encore qu'un commencement de
civilisation, étant toutes sous la puissance absolue
qui assurément n'est pas l'image du paradis terrestre.
Notre globe n'est qu'un point que l'esprit embrasse
de la pensée; un système d'ordre simple et vaste
peut tout embrasser par la force progressive de
la raison, agrandie pour assurer l'homogénéité de
tous les êtres vivans sur ce grand corps, dont les
hommes sont les membres, créés sur le même modèle,
et par conséquent tous frères.

Voici le tableau de l'initiative de ce vaste système;
il sera simple et sans complication :

Une nation est la collection de toutes les familles
éparses sur la surface de son territoire.

La famille est la collection de toute la population
de chaque ville et de chaque village, comme étant des
fractions de cette surface.

Chaque famille fractionnaire doit rester indivisible, et le sol sur lequel elle est fixée inaliénable.

Ces familles sont souveraines, privément, pour
l'exercice des puissances législative et exécutive,
domestique ou de famille.

Elles seront collectivement membres du souverain
pour l'exercice des puissances législative et exécutive nationales.

Ces familles, par rapport à elles-mêmes, se gouvernent démocratiquement; et , par rapport à l'état , elles ne comptent que comme individus.

Un certain nombre de familles composeront une sous-division ; un certain nombre de sous-divisions , une division; et toutes les divisions auront un centre d'unité, le tout dans des proportions à peu près égales de familles et de population.

Chaque sous-division , par rapport aux divisions, et chaque division , par rapport au centre , ne seront comptées que comme individus.

Le territoire de chaque famille , comme le territoire national , ne sera la propriété de personne, la propriété particulière cessant d'exister pour l'avenir ; alors toutes les successions qui s'ouvriront échoiront aux familles sur le territoire desquelles se trouveront les biens du décédé.

Tel est le premier fondement de l'institution démocratique organisée.

Et voici le fondement de sa solidité :

Toutes les familles particulières seront organisées par une magistrature dont les fonctions seront déterminées de manière qu'elle ne pourra jamais exercer d'actes arbitraires.

Les magistrats seront électifs et annuels;

Ils ne pourront rien exécuter sans la manifestation de la volonté générale;

Ils ne devront point participer à l'exercice de la puissance législative de la famille;

Ils seront subordonnés au conseil des anciens, parce que la liberté veut que le magistrat soit subordonné à la volonté générale, comme le citoyen à sa propre loi.

Le nombre des magistrats de famille ne doit être ni inférieur ni supérieur à cinq.

Le premier pourra être désigné sous le nom de patriarche ou père de tous ;

Le second, sous celui d'ordonnateur ;

Le troisième, sous celui de pourvoyeur ;

Le quatrième, sous celui de vérificateur ; et le cinquième, sous celui de capitaine de travail.

Tous ces magistrats composeront ensemble le conseil dans lequel résidera la puissance exécutive.

Par ces désignations, il est facile de distinguer la nature de leurs attributions, qui toutes doivent avoir pour objet l'administration des richesses naturelles, industrielles et territoriales, d'entretenir l'unité d'action, et la plus grande activité dans les occupations intérieures, de manière que la paresse et l'ennui, les plus grands fléaux de l'espèce humaine, en soient bannis à jamais.

Ces magistrats auront des substituts également électifs par la famille ; ils seront actifs concurremment avec les magistrats dans l'intérieur de la famille, mais spécialement actifs dans les grandes opérations nationales, soit civiles, soit militaires.

Outre ces magistrats, il en existera encore en sous-ordre, et en autant de parties différentes qu'il y aura de parties divisibles dans les occupations de famille.

Ces sous-magistrats seront, au choix des magistrats en exercice, nommés sur une liste de jeunes candidats à la magistrature.

Cette liste de candidats aura un nombre déterminé et sera faite par l'élection des jeunes gens de l'âge de vingt-un à vingt-huit ans ; eux seuls concourront à la formation de cette liste.

Chaque famille aura un conseil des anciens, dans lequel résidera l'initiative de la puissance souveraine de famille; il sera composé de tous les individus des deux sexes âgés de cinquante ans.

Une section de ce sénat sera composée de tous les magistrats retirés, et également âgés de cinquante ans.

Cette section créera tous les projets de lois domestiques ou de famille; tout le sénat délibèrera et votera sur ces projets, qui ne deviendront lois que sur le vote général de toute la famille, à laquelle ils seront présentés par le président du conseil des anciens.

De ces lois, les unes ne seront que journalières; et les autres pourront subsister pendant toute l'année.

Cette section du conseil de famille sera chargée de l'instruction et de l'enseignement des jeunes gens, de surveiller la conduite des magistrats, d'observer et de diriger la conduite morale de tous les membres de la famille.

Le conseil des anciens élira un président dont les fonctions dureront dix ans.

Cette élection se fera aux époques des dix ans ou au décès, sur les cinq membres les plus jeunes du conseil des anciens de la section des magistrats retirés.

Les familles ainsi organisées dans leur intérieur, il s'agit de les unir toutes en une seule corporation, en un corps solide, inattaquable et inébranlable par sa masse; en un seul corps d'unité, ayant faculté de vouloir, et d'accomplir d'une manière simple, forte et active.

En voici le mécanisme:

Deux grands pouvoirs existent dans une nation: le pouvoir législatif, puissance spirituelle qui veut;

et le pouvoir exécutif, puissance matérielle qui accomplit.

Pour l'action de ces deux puissances, il y aura, dans le corps de la nation, deux magistratures spéciales, ayant une organisation différente, pour déterminer la réciproque indépendance de leur action et l'égalité de leur puissance, sans que la balance puisse jamais se perdre. On imitera en ce point la politique du clergé qui, pour assurer son despotisme spirituel sur le despotisme temporel des princes, avait fondé dans l'Europe chrétienne, sans égard aux limites des différentes provinces et des différens états, des divisions qui lui étaient propres.

Les magistratures attribuées à ces deux grandes puissances ne doivent pas être confiées chacune à un homme seul ; car l'homme seul n'est rien, c'est un être capable de se laisser séduire, d'abuser pour lui-même des fonctions qu'on lui confie ; souvent c'est un enfant, un ignorant, un insensé, prêt à se permettre toute sorte d'extravagances, et dont l'action est d'autant plus funeste pour la société, qu'une multitude d'ambitieux et d'extravagans se livrent avec lui à toutes les erreurs, à toutes les illusions que donne l'autorité absolue, et à tous les vices du cœur qui en résultent. Les fonctions doivent être exercées par des familles entières, une par sous-division, une par division, et une centrale aux deux puissances.

Ces familles-magistrats ne doivent être considérées ici que comme des points d'union, sans qu'elles puissent jouir d'aucune autre autorité que de celle qu'ont les autres familles.

Pour établir l'ordre, l'exercice et l'activité de ces

deux grandes puissances, il faut un intermédiaire des familles à toutes ces magistratures nationales. Ce seront donc des jeunes gens élus par les familles, de l'âge de vingt-un à vingt-huit ans, que l'on peut considérer comme le fluide nerveux du corps politique, par la médiation desquels se feront toutes les opérations nationales, tant pour la création des lois que pour leur exécution.

Cette forme de gouvernement, image de Dieu et de toute la nature, sera une monarchie aristo-démocratique et théocratique. Il ne peut y avoir que cette forme unique pour assurer la plus parfaite égalité, et cette liberté sociale si passionnément désirée, mais qui n'a jamais été comprise. Alors la nation, animée et vivante, serait comme Argus avec des millions d'yeux, et comme Briarée avec des millions de bras; le premier pour veiller, et le second pour exécuter avec cette intelligence et cette activité qui feraient l'admiration de l'univers. Alors, dis-je, ce serait le vrai dieu ou l'esprit de tous qui serait seul le maître.

Il n'y a qu'un soleil pour illuminer et vivifier tous les êtres du monde; de même il n'y a qu'un soleil spirituel, qu'une verité principale pour les hommes: s'il n'y a qu'une vérité, il ne peut y avoir qu'une science réelle. Quelle serait donc cette science, cette vérité, si ce n'était celle qui a constamment été ignorée, celle qui apprend l'art de fonder l'état civil de l'homme selon sa nature, selon sa bonté naturelle? Sa nature veut qu'il soit en société, il n'est rien sans elle; par sa nature il a des passions, elles sont de son essence, elles sont réglées; il n'en est pas doué en vain, puisqu'elles n'ont pour objet que la conservation de

son existence et la perpétuité de son espèce par la voie
du plaisir. S'aimer et se secourir sont les délices qui
lui sont inspirées par la nature; et ces doux sentimens
se développant en société,avec toute l'énergie dont
l'humanité est capable, ne peuvent jamais déroger
aux principes d'unité d'action vers lequel elles tendent toutes, le bonheur général. Il y a de grandes va-
riétés dans les passions, mais ces différences ne procèdent que de l'inégalité des âges et des sexes, et de
quelques passions individuelles qui naissent et vieillissent, et qui, loin de nuire, embellissent le court
voyage de la vie en éteignant cette uniformité qui
cause de l'ennui, qui engourdit les sens, et qui s'oppose à toutes les jouissances agréables et douces. Par
cette mobilité et cette variété, on croit apercevoir que
rien ne se ressemble dans la nature, qu'il n'y a rien
de solide sur quoi on puisse compter; mais, en société, ces variations sont l'image de la nature, qui
est toujours semblable à elle-même : par ces va-
riétés, elle montre à tous les hommes qui se succèdent
rapidement et tour-à-tour le trésor inépuisable de
leur félicité; guidés par leur intelligence, ces muta-
tions constantes et continuelles les invitent à réfléchir.
Les événemens présens, comparés aux événemens
passés, les instruisent dans l'art de connaître leur
bonheur, dans l'art d'en jouir, dans l'art de l'agrandir; par leur intelligence collective, ils comprennent
bientôt la grandeur et la puissance humaine, que le
globe entier est le domaine des hommes, qu'il appartient à tous également, que tous également doivent en
aménager les produits ; que leur vie, que leur félicité
est liée et attachée à cette communion universelle qui

maintient toutes les passions les plus opposées en équilibre.

Grande harmonie ! vous n'existerez jamais avec le pouvoir absolu. Les princes, se croyant propriétaires de leurs sujets, veulent des jouissances exclusives, et leurs sujets les imitent; et, pour jouir exclusivement, les rois se soulèvent contre d'autres, et, par imitation, les forts contre les faibles. Alors, au lieu d'aménager, on laisse périr : au lieu de s'aimer, on se hait; au lieu de se rechercher, on se fuit; au lieu de se secourir on se détruit; tous s'entrechoquent, et ces mêmes passions, qui, bien organisées, feraient leur bonheur, servent à les rendre malheureux, cruels et barbares. Les hommes obligés de vivre dans l'isolement ne sont que des démons, et dans leurs occupations ne sont rien du tout, par cette maxime qu'une petite nature ne peut rien produire que de petit; incertains dans leurs entreprises; troublés sans cesse de crainte, leur âme s'amollit, s'abat; faibles et impuissans, ils vivent et périssent misérables pour la plupart. Mais, en société, c'est autre chose : grandissant sa raison de la raison de ses semblables, confondant sa puissance avec la leur, l'homme acquiert bientôt de lui-même une véritable idée de sa grandeur; il ne se considère plus dans ses actions que par l'action de masse de la volonté générale, de cette majestueuse autorité souveraine contre laquelle il ne peut plus lutter sans agir contre lui-même, sans périr.

Ce beau problême, que personne n'a encore résolu faute d'avoir élevé son esprit au-dessus des erreurs du monde, se trouve démontré dans le tableau de ce système, où les membres de la société forment une unité de puissance et de désir; le bien, le parfait en est la conséquence. En effet, la société, fondée sur ces bases, serait le souverain bien de l'homme ; elle serait sa lumière dans son ignorance, son salut dans son incapacité, sa force dans sa faiblesse; ce serait elle qui lui enseignerait ce qu'il doit craindre, ce qu'il doit désirer; ce serait elle qui le dirigerait dans l'emploi de toutes ses facultés. Vous y voyez établie une hiérarchie bien naturelle : d'abord, la toute-puissance dans les familles assemblées, éclairées par un conseil d'anciens magistrats en qui doit résider l'expérience et la sagesse selon les lois de la nature; des magistrats dans l'âge viril, chargés de diriger l'exécution des lois, chacun dans leur attribution; et une simple hiérarchie morale dans le corps de la nation, sans puissance et sans autorité, si ce n'est celle qui émane de la volonté nationale, de la volonté de toutes les familles et que personne n'a intérêt d'altérer.

Une semblable institution veut encore, pour empêcher les familles de s'isoler entr'elles, et de prendre privément des mœurs, des coutumes et des langages différens, qui pourraient faire éclore des jalousies et des passions contradictoires, capables de rompre l'harmonie sociale, que, sur ce point important, il y ait une disposition particulière dans l'institution même pour prévenir un pareil danger.

L'expérience nous apprend que l'homme est curieux de sa nature, qu'il cherche à s'instruire, et que ses idées se portent toujours sur tout ce qui ne tombe pas sous ses sens : c'est ce sentiment de curiosité, c'est cette passion qu'il est nécessaire d'appliquer à la solidité de la société; et cette disposition consiste à ce

qu'il soit fait annuellement une dispersion de tous les
jeunes gens dans toutes les autres familles ; d'abord,
les enfans de sept ans dans les familles de la sous-division, ceux de quatorze ans dans les familles de la division, et ceux de vingt-un ans dans toutes les divisions
des corps politiques, de manière qu'aucun, né dans
une famille, ne puisse jamais y revenir vivre et mourir.
C'est apprendre par ce moyen à tous les hommes qu'ils
ne sont que des voyageurs sur la terre, tous frères,
enfans d'un même père, qui est Dieu ; c'est lier, par
cette circulation de jeunes gens, toutes les familles,
concorder toutes les idées, toutes les coutumes ;
c'est répandre partout les mêmes passions, les mêmes sciences et la même connaissance ; c'est mettre
tous les esprits en harmonie ; c'est rompre les affections particulières, les nouer toutes en faisceau ;
c'est exciter l'activité, l'esprit et l'émulation ; c'est
porter tous les cœurs à l'amour de la patrie, seul
bien réel : alors, tous éclairés et instruits d'une
manière uniforme et réelle, en exerçant et prati-
quant tout ce que les véritables sciences peuvent
apprendre, nos fausses sciences n'ont plus besoin
d'être apprises ; tout ce que l'esprit découvre pour
le bien de l'humanité est mis en pratique partout
sans confusion ; voyant tout par soi-même et par
sa propre expérience, rien n'est ignoré, tout est
vrai ; il n'y a plus de choc dans les opinions, de dé-
menti sur les faits ; ce qui plaît, on le sait ; ce qui plaît,
plaît à tous ; ce qui déplaît, ne se fait pas ; l'on ne
croit point les choses douteuses, le mensonge ne trompe
plus : tous étant éclairés ensemble, ce qui est faux,
injuste ou malicieux, est rejeté de la même manière

qu'un corps sain et robuste rejette par la transpiration toutes les humeurs impures qui se forment en lui ; le mal est décomposé et tombe naturellement en dissolution, en évaporation : tel serait l'effet de ce régime actif.

Comparez maintenant cet état civil avec l'état civil actuel. Que de travaux, que de soucis, que de soins pour se rendre malheureux ! des milliers d'hommes pour instruire infructueusement ; des milliers d'hommes pour prononcer, avec indifférence et un cœur glacé, sur l'honneur, la vie et les biens des citoyens ; des milliers d'hommes pour faire la police en factieux plutôt qu'en hommes raisonnables ; des milliers d'hommes pour prêcher la morale, qui ne peuvent produire aucun effet dans le cœur des auditeurs ; des milliers d'hommes occupés des intérêts du fisc, sans gloire pour la nation ; des milliers de courtisans qui spolient l'or enlevé avec violence sur les sujets ; des milliers d'hommes mercenaires pour combattre des ennemis chimériques ; des milliers d'hommes qui étudient des sciences plus nuisibles qu'utiles, et tous occupés de leurs fonctions avec ce sérieux et cette gravité orgueilleuse qui donne aux ignorans, aux hommes abusés la croyance de la nécessité de tout cela. N'apercevant les choses que comme ils les ont étudiées, et d'après leurs intérêts personnels, les hommes ne se doutent pas qu'ils s'agitent inutilement, parce que la justice, la morale et les intérêts de l'état n'ont plus aucun rapport avec les sujets, qui n'existent que par des règles et des préceptes aussi différens que la variété du sort de chacun ; et qu'il faudrait, pour chaque personne, des leçons propres à son intérêt personnel et souvent contraires à l'intérêt

de ses semblables. Concevez – vous l'inutilité d'un
travail appliqué à multiplier l'enseignement en autant de façons qu'il existe de caractères et d'intérêts divers? Dans cet infini, où est la vérité qui
sera la vérité pour tous, où est la sagesse qui sera la
sagesse pour tous, où est la science qui sera la véritable science? Dans cette confusion, tout ce que l'on
médite ne forme qu'opposition, que contradiction;
c'est un chaos vide et sans forme, par lequel tout ce
qui agit, agit sans fruit, ce qui se crée périt, ce qui
s'établit se détruit, ce qui est bien ne l'est plus d'un
instant à l'autre; ce n'est plus la raison qui dirige,
c'est le hasard, la fatalité ou le caprice du plus puissant, du plus opulent ou du plus fort, qui est bientôt
renversé par l'effet d'un nouveau hasard, produit par
des causes inattendues.

Voilà quels sont les effets du pouvoir arbitraire et de
tout le despotisme des grands et des puissans, nos
maîtres, qui osent nous parler de justice. Je les com-
pare à des athées qui ont la barbarie d'exiger que
leurs esclaves croient en Dieu, afin de croire que
les maux qu'ils endurent ne procèdent pas d'eux,
mais de Dieu, qui veut les éprouver ou les punir. La
justice, oui, la justice est le principe de la vie du
corps politique; Dieu en est la source; la souveraineté est une puissance qui vient de lui, et cette puissance ne peut s'exercer que par l'esprit de tous les
hommes en corps collectif. Ce que le corps collectif a
décidé est justice et perfection; c'est alors la véritable
parole de Dieu, qui dirige la société. La justice de
Dieu, qui seule doit diriger les hommes, dérive nécessairement de l'institution de l'état: si l'institution

est fausse et illégitime, la justice de Dieu est flétrie, ce mot perd toute sa puissance et n'a plus de sens, ou le véritable sens que l'on peut lui donner ne s'applique qu'à cette injustice, mise à l'ordre pour être la règle de tous les vices et l'amortissement de toutes les vertus. La patrie n'existe plus, et, chez un peuple sans patrie, on peut impunément avancer telle maxime que l'on voudra, peu importe aux individus isolés; chacun en particulier, rois, princes, nobles, prêtres, jésuites, moines, propriétaires, et le pauvre dans sa cabane, peuvent, selon leur caprice, croire ou ne pas croire, obéir ou résister à toutes les faussetés qui émanent de cet ordre de choses, puisque tous sont obligés de s'appliquer personnellement l'exercice de leur intelligence particulière pour tout ce qui peut flatter leur intérêt, leur vanité, leur orgueil ou leurs vices.

La raison qui doit guider les hommes ne peut pas être la raison individuelle, parce que Dieu ne veut pas que l'homme soit seul, et que tous les hommes sont égaux devant lui; c'est à la société entière à rechercher sa volonté pour être accomplie. C'est par la démocratie qu'apparaîtra sa sagesse, cette sagesse fille de la véritable science; non de cette science individuelle que l'on acquiert à force d'étudier des livres, et qui place le studieux au rang des perroquets bien appris, mais de celle acquise par l'expérience et l'action de masse sur tout ce qui peut convenir au peuple et satisfaire le vœu des philosophes et des sages délaissés, oubliés et rejetés par un injuste pouvoir, mais qui, malgré le dédain qu'ils essuient, entretiennent encore dans l'esprit public une sorte d'espérance que la justice divine ne sera pas éternellement méconnue, parce que le vrai Dieu méconnu inspire toujours l'homme, et le pousse innocemment et sans cesse à la révolte contre les choses injustes; d'où l'on doit conclure qu'il n'y aura jamais de bien et de paix que lorsque la volonté de tous pourra se manifester sans erreur et de bonne foi.

J'ai maintenant à vous parler des lois, et de la différence qu'il y a entre celles d'un peuple qui exerce sa puissance, et celles d'une nation enchaînée par les intrigues d'un pouvoir dominateur.

Les lois d'un peuple libre n'ont plus à prononcer sur les intérêts privés de qui que ce soit, rien à régler sur ce qui peut concerner les droits et les besoins des particuliers. Conséquemment, ce que nous considérons lois aujourd'hui n'en peut plus être; toutes deviennent inutiles, sans en excepter une seule, parce que, représentant la volonté du corps politique, où tous les sujets ne sont qu'un, la loi ne peut plus se porter contre une partie de ce corps, elle ne pourrait avoir d'effet particulier sans mettre tout en confusion, en division parmi les sujets, comme le prouve l'effet de nos lois actuelles. Les codes civils, de commerce, de procédure, les codes de police correctionnelle et criminel, qui tous ont été donnés pendant la révolution, ne forment-ils pas ensemble, avec les lois d'exceptions, la plus horrible des institutions, par les mauvaises mœurs qu'ils consacrent et qu'ils entretiennent? Peut-on les lire et les méditer sans horreur et sans indignation, si on se fait une juste idée des maux que ces lois causent aux hommes? Aux lois d'un semblable pouvoir, joignez encore celles qui émanent de la puissance sacerdotale, et vous au- rez une parfaite connaissance de la source de toutes les hideuses couleurs que reçoivent les passions.

Les lois d'un peuple libre comportent avec elles plus de majesté, elles n'ont que de grandes choses à accomplir. Il y en a de deux sortes; les lois nationales et les lois de familles, et elles ne peuvent concerner que l'ordre et l'exercice de la puissance nationale qui intéressent ses richesses, sa gloire et sa sûreté, l'ordre, l'activité et les occupations de chaque famille.

Il faut diviser ce qui est divisible de sa nature, et réunir ce qui ne peut se diviser. Chaque famille, souveraine pour elle-même et dans son intérieur, n'est plus ici qu'un seul tout; mais, comme sujettes et membres de l'état, elles peuvent toutes ensemble, sans mouvement, sans déplacement, sans convocation d'assemblées, sans députés ou représentans, délibérer et voter sur toutes les lois nationales ou de localités que la raison et le besoin suggèrent avec la plus grande harmonie; le plus grand ordre peut y être apporté pour l'expédition des affaires nationales, qui ne peuvent jamais y être bien compliquées, puisqu'elles n'intéressent que la sûreté et le bien général, seul bien réel de l'espèce humaine en corps social.

Il existe dans le corps politique deux intérêts qui, sans être confondus, sont unis pour n'en former qu'un : c'est l'intérêt public, qui n'est qu'un intérêt d'opinion, de sentiment, qui fait le lien social; c'est l'intérêt privé, qui est cet avantage réel que chaque membre retire de son association. Pour fortifier ce sentiment qui unit, il importe, dans l'institution, de distinguer le magistrat actif par rapport aux particuliers, du magistrat actif par rapport à l'état, image véritable, par cette distinction, de l'homme et de son association.

Point d'institution sans religion; il en faut une qui soit uniforme, simple et convenable à la liberté, et qui ait pour objet d'inspirer cet amour réciproque, cette égalité d'opinions et de sentimens, principe d'ordre et de paix; elle doit être puisée dans les idées simples et naturelles du cœur humain, dans les idées innées de liberté et de bonheur, sans mélanges d'abstraction d'esprit sur des obligations ou des devoirs imaginaires; ses dogmes ne doivent être que des formules de bienséance et d'honnêteté, appliquées à chaque âge des membres de la famille. La morale, la liberté et la religion ne doivent être ici qu'une même chose, constamment et continuellement en exercice; la direction, l'enseignement de cette morale divine et naturelle à l'homme doivent être exclusivement attribués au conseil des anciens, sous l'impulsion uniforme des vertus publiques mises en exercice. Voilà son code; point d'écrit sur cette matière que le code de cette institution; elle prépare de bonnes lois par l'épuration des mœurs, et de bonnes mœurs par la perfection des lois. A l'instruction de la morale, qui doit être l'instruction de l'institution même, est naturellement liée la qualité de conciliateur, d'admoniteur; la faculté de présider les fêtes de famille, de diriger les jeunes gens, de régulariser leurs exercices et leur instruction aux arts qu'ils doivent exercer un jour. La faiblesse humaine a besoin d'appui et d'encouragement; elle a besoin de connaissances et d'expérience qui ne s'acquièrent que par un long usage: que là soit le point d'appui; qu'une fois enfin la vérité, la philosophie désintéressée, soient mises en pratique, soient vénérées ; et l'exercice d'une pareille fonction aura bientôt anéanti tous ces cultes faux et mensongers qui hébêtent la notable partie des citoyens, et qui subsisteront tant que la société sera délaissée et désunie comme elle l'est présentement.

La liberté civile n'est que l'égalité d'esprit et d'opinion qui, fixée par la morale, doit s'étendre encore sur le costume des citoyens ; il doit être uniforme selon les âges, les sexes et les saisons, pour que l'homme n'aperçoive dans son semblable que son semblable.

Il y a de grands ménagemens à prendre pour fonder cette institution, parce que la turpitude de l'esclavage, le manque d'harmonie des intelligences, le soulèvement des corporations religieuses ou factieuses, l'erreur d'esprit des dominateurs, les ambitions de toutes les classes, les intérêts privés froissés, la fureur des jaloux, qui saisissent le plus léger prétexte pour dominer en renversant les dominateurs, sont les grands obstacles qui contrarieraient son établissement, et qui l'étoufferaient peut-être à sa naissance. C'est à quoi l'instituant doit pourvoir en assurant sa fermeté par des moyens politiques bien combinés et appuyés sur les vertus humaines, qui ne sont point éteintes quoiqu'oubliées de la multitude : pour les réveiller, pour les mettre en action, qu'une proclamation soit faite du plan de cette institution, avec la volonté manifeste de l'organiser ; l'opinion publique épousera bientôt avec force et véhémence l'intention de l'instituteur, et lui donnera, pour agir, une force et une puissance que la malveillance ne saurait détruire. Voilà le point important du fondateur de la liberté : substituer, aux erreurs du despotisme, des vertus et des vérités capables de ranimer les bonnes qualités de l'homme, et ménager leur triomphe, est sans doute une grande et sublime opération.

Je lis sur votre physionomie l'empressement que vous avez de connaître les autres moyens qu'il doit employer pour opérer cette transition de l'esclavage à la liberté; mais votre curiosité ne sera pas satisfaite si vous ne vous dépouillez avec moi des préjugés que vous avez contractés dans la société avilie par cent siècles de despotisme, car ce que j'ai à dire à ce sujet est entièrement contraire à toutes les règles sur lesquelles repose actuellement notre frauduleuse existence civile. Ne vous formalisez donc point, et usez ici de toute votre raison pour ne pas vous exposer à me faire des objections hasardées, qui ne feraient qu'entraver la marche de nos idées sans nous éclairer.

Vous connaissez les principes de la liberté? je viens de les expliquer. Maintenant je vais vous exposer les bases fondamentales du despotisme, qui doit être détruit, et auquel nous sommes habitués depuis que l'intelligence humaine s'est obscurcie par la servitude; ces bases sont les finances, la propriété privée et les mariages, toutes trois concourant merveilleusement ensemble à maintenir et à fortifier cette dissolution civile, à tromper notre jugement et à aliéner notre raison. Analysons-les rapidement; comparons-les avec celles dont je donne le système, et nous reconnaîtrons bientôt combien elles sont opposées à cette union si nécessaire à la liberté, et quelles sont les sources d'où jaillissent toutes les erreurs considérées dans l'ordre actuel comme le fondement de la société, tandis qu'elles opèrent un effet tout contraire, puisque ce sont ces bases qui la font tomber en la mettant dans un état complet de dissolution.

La puissance despotique n'est fondée que sur des exactions et des concussions aux dépens des sujets. Il faut de l'or, de ce poison subtil qui fait vendre le sang, l'honneur et la patrie; de-là, l'avarice du gouvernement, et son insensibilité sur les maux particuliers qu'occasionnent ses exactions, et dont l'influence sur les mœurs publiques est de communiquer à tous les membres qui composent cette agrégation d'hommes, sous le titre de nation, la même avarice et la même insensibilité. Dirigés par le même esprit vers cette possession exclusive de pouvoir et de richesses, considérés dans leurs opinions abusées comme le seul agent de leur bonheur et de leur bien-être, les hommes sont excités à se dépouiller les uns les autres, par toutes sortes de tromperies et d'inhumanités, du produit de leurs sueurs et de leur industrie; d'où naît cette injustice politique par laquelle ceux qui travaillent le plus ont le moins, et ceux qui ne font rien ont le plus. Le mauvais emploi des finances, agité par la prodigalité et l'avarice, enrichit ou appauvrit promptement et d'une manière scandaleuse tous ceux qui sont attelés au char de ce monstrueux pouvoir, tous ceux qu'un désir effréné de richesses transporte, tous ceux enfin que l'inexpérience, la folie ou l'indifférence tourmentent ou stupéfient: de-là, ce luxe effréné des villes qui épuise la population des campagnes et le luxe même de l'agriculture, père nourricier du genre humain; de-là, cette nullité d'existence de l'immense portion de citoyens dont les occupations sont aussi préjudiciables à la société que le vol et le brigandage ; de-là, cette oisiveté, soit active, soit inerte, des sujets qui s'agitent sans utilité et sans profit, ou que la paresse tue; car, par l'isolement des hommes de leur propriété et de leur intérêt, par la faveur légale que l'on donne à l'opulence sur le misérable, à l'or sur les denrées, sur les produits des arts, sur les valeurs territoriales, on multiplie cette inertie dangereuse, ces occupations oisives; on favorise la paresse, on nourrit l'imagination de spéculations odieuses, on régularise le plan des usurpations. Une nation surchargée d'exactions l'est bientôt de travail, et chacun fuit le travail pour se livrer à tous les maux et à tous les vices de la servitude, qui tendent constamment à diminuer les richesses réelles du cultivateur et du manufacturier : la nation s'épuise, l'union civile se dissout, et, avec elle, l'humanité, la probité et l'honneur. On peut, sans blesser la vraisemblance, comparer une semblable nation aux nations barbares, aux peuples anthropophages; car vivre en assassin, en voleur ou en guerrier, ou vivre subtilement à la faveur de l'or spolié, de la sueur d'autrui ou de sa chair, c'est presque la même chose: il n'y a de différence que dans les arts qui distinguent une nation de l'autre.

La fausse politique, la fourberie, et toutes les vues privées de bonheur, offrent mille systèmes iniques sur l'établissement de la prospérité publique. Des économistes soutiennent, par des calculs fondés sur leur habituelle injustice, que le véritable moyen de multiplier les richesses est de les usurper sur les véritables propriétaires, de les distribuer en traitemens, en solde et en récompenses, pour les faire circuler aux nécessiteux, aux misérables, en échange de quelques services personnels qui tournent au profit du luxe, de la paresse et de la débauche de cette classe nombreuse d'hommes privilégiés, titrés, salariés ou rentiers, qui tous ensemble se croient, sous le couvert du pouvoir absolu, les vrais propriétaires des richesses de l'état, et prétendent par ce moyen faire vivre les malheureux, lier la société par les besoins réciproques, exciter l'industrie, établir un luxe nécessaire par lequel le riche dépense et le pauvre gagne. Voilà comment les législateurs et les partisans du despotisme conçoivent la justice civile. Ces erreurs, ces faux systèmes deviennent perpétuellement l'origine d'autres plus vicieux encore, puisque, pour agiter vivement la circulation des richesses fictives des particuliers au trésor public, et du trésor public aux particuliers, de la manière la plus précipitée et la plus inégale, il a fallu une législation qui favorisât à l'infini la divisibilité des biens et l'instabilité de leur possession dans les mains des propriétaires. Adopter des maximes analogues à cette fin, comme celle : *nul n'est tenu à rester dans l'indivision ;* comme cette autre : *chacun peut disposer de sa propriété à son gré*, c'est régulariser le brigandage général par des formes judiciaires aussi dispendieuses pour l'homme paisible que pour l'injuste chicaneur, afin que, dans le désordre général que l'avarice fait naître, il soit plus facile au despotisme de subjuguer la fortune publique sous le prétexte spécieux de justice.

Et encore, pour assurer mieux le jeu du mécanisme de ce désordre, pour rompre l'union des esprits et des cœurs, on a fondé le système des mariages, qui produit parfaitement son effet, en déterminant la filiation des familles et des différentes classes de la société, qui doit régulariser cette inégalité de condition, de fortune, d'intelligence et de mœurs, source éternelle de haine et de division. Ces unions indissolubles sont des violences faites à la nature humaine et aux caprices de l'amour, plus propres à l'enchaîner qu'à fixer son bonheur. Elles sont si peu naturelles que Paris, cette immense ville qui fournit en population annuelle dix-neuf mille naissances, en compte plus de dix mille hors mariage, malgré les préjugés et les lois qui en font une obligation; ce n'est pas l'esprit divin qui a établi une pareille loi: *croître et multiplier*, voilà la sienne. Aussi, quels sont les motifs qui déterminent les mariages? c'est l'amour sans l'amitié, c'est l'amitié sans l'amour; c'est l'avarice, l'ambition, la vanité, la misère, et souvent l'ennui d'être seul. Aussi les gens mariés couvrent bientôt leur dégoût par de fausses caresses, par des déguisemens réciproques, se jouent en secret de leur fidélité et de leur constance, promises solennellement devant le magistrat, devant le prêtre; ou, abusés par des travaux excessifs, par la nécessité, ou par d'autres passions qui les distraient, ils vivent ensemble sans intérêt, par le seul sens de l'habitude, comme des âmes mortes, humiliées et avilies, ce qui est tout-à-fait contraire à l'esprit de l'Evangile, où il est dit: *N'appelez personne votre père, parce que vous n'en avez qu'un qui est au ciel.*

L'amour capricieux et volage, la constante et solide amitié, deux sentimens différens que la nature a gravés dans le cœur de l'homme pour son bonheur, ne peuvent subsister dans toute leur pureté s'ils sont ordonnés, s'ils sont contraints; tout ce qui est contraint n'est que factice, tout ce que les lois despotiques établissent est vicieux.

C'est donc à la cessation des finances que tiennent les vertus des peuples libres, c'est à la stabilité des biens dans les familles, et non dans la propriété privée, que sont attachés le bonheur et l'union des cœurs; c'est à la liberté pleine et entière des sexes que sont attachés les plaisirs de l'existence. Tels sont les points fondamentaux à régulariser pour rendre l'homme heureux et la société agréable. Il est si doux d'exister par les habitudes de la liberté, que la rupture de nos antiques usages serait bien facile, et leur influence dans la société bientôt oubliée. Il est si doux de jouir collectivement et par indivis des plaisirs et des biens que nous prodigue la nature, que personne ne regretterait les vieilles habitudes qui y seraient opposées. Bientôt, par les avantages qui en résulteraient, les sentimens d'orgueil qui émanent des richesses, de la puissance et de la science, s'abaisseraient sous le niveau de l'égalité de condition; les vices qui ressortent du pouvoir et de la vanité de commander à ses semblables, s'anéantiraient sans regrets devant l'amour de la patrie; la désoccupation des agens de finances et de chicane entraînerait après elle celle des processifs près les tribunaux; et tous ces êtres maniant la plume pour calculer le malheur des citoyens ou pour écrire des conventions, forcés par la misère et l'affreuse nécessité, seraient contraints de reprendre l'aiguillon et la houe, ou d'autres instrumens d'arts utiles, pour partager avec leurs concitoyens tous les travaux dont ils se sont trouvés surchargés par leur désertion et leurs brigandages politiques. La population accroîtrait et la culture et les arts, à raison de la dispersion dans les campagnes et les ateliers de manufactures de ces hommes dont les travaux dans les villes ne tendent qu'à soustraire la·subsistance du trop faible et du trop malheureux cultivateur, sur qui retombe tout le fardeau des charges publiques, sous quelque forme qu'elles soient imposées.

On objecterait peut-être que, sans contribution, une nation ne pourrait pas entretenir des armées suffisantes et permanentes pour sa sûreté; mais je demande ce qu'il faut pour faire la guerre avec succès? Il ne faut que de l'ordre, des subsistances, des armes, et l'amour de la patrie; et dans un gouvernement démocratique, riche par la culture et les arts, tous les moyens d'ordre, toutes les choses nécessaires au service national se présentent avec une promptitude et une facilité d'autant plus grandes que tous les cœurs sont dévoués à la fin que le corps entier s'est proposée. L'armée nationale ainsi produite pourrait-elle se comparer aux armées des despotes, qui ne sont que des corps muets, des automates froids, sans feu et sans patrie; celles-ci ne lui résisteraient jamais. Mais il n'est pas de la nature des gouvernemens bien institués de déclarer la guerre; il n'y a que des fanatiques, des esclaves et des despotes qui soient

capables de s'y livrer. Voyez les Turcs et les Russes ;
voyez l'assassinat des Grecs ; voyez, en Portugal, la
barbarie de don Miguel ; sont-ce les nations qui agissent par elles-mêmes en ces sortes d'horreurs ?

Les véritables richesses ne sont, aux yeux du sage,
que les produits de la culture et des arts, et l'or ne
multiplie point ces solides richesses ; il n'est, sous le
pouvoir absolu, qu'un agent employé pour soustraire
la fortune publique, et pour en gratifier ceux qu'il
emploie pour l'accomplissement de ses desseins particuliers ; il irrite et entretient cette injustice politique
qui affaiblit une nation autant qu'elle l'avilit. Il n'y a
donc que l'habitude qui triompherait ici de notre raison, si nous préférions le système accoutumé à celui
que je propose ; l'or ne peut être considéré en circulation que comme un cautère sur le corps politique,
pour l'entretenir malade et maintenir sa nullité et sa
faiblesse.

Par l'extinction des finances employées pour les
affaires publiques, et d'une manière si injuste, on verrait bientôt l'attachement à la richesse, à la propriété
particulière, s'affaiblir, l'union se resserrer par plus
de confiance, de bonne-foi et de générosité ; on verrait changer le sort des familles, si équivoque par la
divisibilité et l'aliénabilité des propriétés ; on verrait
enfin, en anéantissant les maximes sur lesquelles était
fondé cet usage, surgir celle-ci qui leur est opposée :
les familles sont indivisibles et les biens inaliénables ;
et pour maintenir cette inaliénabilité, l'on aurait cette
autre maxime : nulle convention ne peut avoir lieu
d'homme à homme et de famille à famille. Tels sont
les principes d'une parfaite démocratie, par les-

quels doivent cesser le trafic des banquiers, des né-
gocians et des marchands d'argent, qui ne sont
pas le moindre vice du gouvernement despotique;
et celui qui soutiendrait que le fameux Rotschild
est le véritable instituteur des nations de l'Europe,
puisque toutes les caisses des finances des états de
l'Europe capitulent avec lui, je crois, ne se trompe-
rait pas trop. Aussi l'acte de vigueur que fit Jésus
dans le temple de Jérusalem, en chassant à coups
de fouet les traitans, les changeurs et les marchands,
ne produisit aucun changement dans les mœurs de
la nation juive.

Cette démocratie serait une grande nouveauté sur
la surface du monde, occupée par des hommes qui
se prétendent civilisés; mais elle est la primitive existence de l'homme qui, au commencement, n'ayant
point été organisé pour fléchir pendant des siècles sous
le joug du désordre, s'est soulevé originairement; et
c'est à cette première existence qu'il doit être ra-
mené par une organisation qui assure la perpétuité de
cet état civil. Dès que l'institution aurait consacré
cette union indivisible des hommes avec le sol qu'ils
occuperaient, le bonheur serait assuré pour toujours:
tous étant dans la nécessité d'être et de résider ensemble, d'être toujours en présence les uns des autres,
s'accoutumeraient et se plairaient aux heureuses habitudes contractées dans leur commune existence,
n'ayant plus l'exemple de ces séparations, de ces dissolutions de famille causées par le partage, qui leur
laisse, avec l'illusion d'une indépendance chimérique,
mille sujets de dissenssions sur leurs droits particuliers;
ils seraient en paix, et rien ne pourrait les troubler.

Il n'y a point de gouvernement démocratique qui puisse subsister avec la propriété privée ; tous les gouvernemens entachés de ce vice, ont constamment été exposés aux troubles et aux guerres civiles, et leur peu de solidité prenait sa source dans cette propriété privée, d'où dérivait l'inégalité des conditions, invincible obstacle à la pureté d'un gouvernement. Quand celui qui a de l'or commande à celui qui n'en a pas, tout est perdu, il n'y a plus de patrie. Le gouvernement démocratique exige qu'il n'y ait point d'épouses exclusives par loi ou par usage ; ce point essentiel doit être abandonné à la nature du cœur humain, parce que l'amour n'est pas fait pour déterminer une association, n'est pas fait pour la troubler quand on y est porté par un besoin aussi passager, aussi capricieux : c'est à cette passion a créer sa loi, qui doit rester individuelle et libre, comme étant la principale, la première et la plus agréable de toutes ; et dès qu'elle est livrée à elle-même, selon le droit de la nature, elle devient bientôt la mère de la civilisation, la protectrice de la liberté. La paix, la félicité et le contentement de l'âme en sont les effets nécessaires ; elle donne aussi de l'intelligence, de l'assurance et du courage ; elle embellit le corps et favorise la santé par l'activité qu'elle exige ; cette passion devient un art auquel tous les jeunes gens se livrent avec une ardeur aussi innocente que l'est la culture et les autres occupations si importantes à l'espèce humaine ; le travail est attelé à son char brûlant, parce qu'elle se plaît dans l'abondance, la joie et les plaisirs ; elle est ennemie du repos, de la paresse, et de tous les vices d'une société corrompue : elle ne veut ni violence ni contrainte, et, pleine de délicatesse, elle abhorre le mensonge et méprise la bassesse. Ce qui plaît à l'amour, c'est l'égalité, la bienveillance, la valeur, la générosité et les doux sentimens de l'amitié; car, malgré les lois bizarres d'un gouvernement qui ose violer la liberté de cette passion, elle voit sans cesse les rois poser timidement leurs diadêmes aux pieds des bergères, les coffres-forts des avares s'ouvrir, les liens du mariage brisés; enfin tout ce qui viole son innocente pureté n'est plus sacré pour elle : je veux dire, par-là, qu'elle n'a un trône tranquille que dans la vertu des êtres libres; qu'avec cette liberté, toute la vie de l'homme n'est qu'un beau jour; que, sur son déclin, passant en revue ses plaisirs passés, il voit avec délice et complaisance les jeunes enfans qui doivent le remplacer; qu'entouré de cette tendresse et de cette affection qui font le charme de ses derniers instans, il peut dire en quittant la vie, avec la tranquillité d'âme du roi des Sandviks: je vais mourir, je serai heureux; ou, comme Jésus : je m'en vais à mon père, mais, non comme lui, abreuvé de fiel et de vinaigre par l'intrigue des prêtres de l'ancienne et de la nouvelle loi. La mort n'existe pas pour l'homme qui ne laisse à sa famille que ses bonnes actions pour unique héritage, c'est la véritable immortalité de l'homme libre; car la mort du corps politique est la mort de l'homme, de son esprit, de ses belles actions; il n'est plus un modèle à suivre, il n'est rien; ses caprices particuliers ne sont liés à rien.

Hors de la démocratie, les hommes sont dans un état de désordre; leur langage, pour le développement de leurs pensées, est obscur, compliqué, et la vérité accompagne rarement leurs discours : mais, dans la démocratie, les discours sont presque superflus pour se faire entendre; les yeux, les tendres regards sont les vrais interprètes, qui expliquent plus clairement que le langage tout ce qu'il importe de connaître pour être heureux; tous les sens sont en évidence, ils ne se manifestent que pour la satisfaction de tous; jamais l'esprit n'est à la torture pour deviner la pensée; aussi simple que naïf et vrai, le véritable génie brille d'un éclat sans tache, il est aperçu de tout le monde tel qu'il est, sans contradiction; même sentiment, même but; travail et plaisir, voilà l'alternative des deux astres de cette heureuse vie; non de ce travail d'esprit qui est inutile, mais de ce travail des mains qui amène l'abondance; non de ces faux plaisirs qui ne causent que des regrets, mais des plaisirs vrais, des plaisirs aussi purs qu'innocens, qui ne sont à charge à personne, et qui ne peuvent exciter la jalousie ni troubler le repos de qui que ce soit. Aussi les hommes ainsi réunis en famille perpétuelle, sans idée d'intérêt personnel, ne pourraient que fortifier les bonnes qualités de leur cœur, et acquérir en commun ce degré de perfection qui les dispenserait du joug pesant des lois existantes. De nouvelles mœurs, appropriées à cet état civil, se créeraient d'elles-mêmes dans ce séjour de félicité, où s'allieraient la plus parfaite intelligence et l'industrie la plus raisonnable et la mieux entendue; la conduite de chaque membre, réglée par la volonté commune et par la voix patriarcale qui ordonne et commande, en vertu de son pouvoir émané de la volonté de tous, écarterait tout esprit de désunion; les passions individuelles étant amorties en communauté par la variété des âges et des sexes, portés à se respecter par cette impulsion dictée par la nature, et tous les membres se connaissant intimement par la fréquentation habituelle, aucun d'eux ne pourrait employer la ruse, la fraude et la perfidie pour tromper ses semblables; ces noires passions ne pourraient point se développer, et l'espèce humaine, contenue dans son état naturel de bonté, deviendrait une espèce nouvelle, une espèce d'hommes dont le caractère, la figure, l'esprit et le langage seraient très - dissemblables de ce qu'ils sont aujourd'hui (1). La vive sensibilité, et même le chagrin, qui affectent si fortement et en tous sens l'homme isolé de toute société, de tout intérêt commun, et qui le rendent si malheureux et si souvent victime de ses semblables, se changeraient en cette heureuse tranquillité qui est l'apanage de la divinité, de la perfection absolue. L'homme n'ayant point de motif de songer à sa conservation et à son bienêtre personnel, tournerait toutes ses facultés, toutes ses conceptions vers la société, dont il se sentirait partie essentielle et intime, et dont l'âme univer-

(1) St. Pierre ayant demandé à Jésus quelle récompense auraient ceux qui quitteraient toute chose pour l'amour de lui, Jésus lui répondit en ces termes : « Je vous dis en vérité qu'il n'y aura aucun de ceux qui auront quitté leur maison, leurs frères, ou leurs sœurs, leur père ou leur mère, leurs enfans ou leurs héritages, pour l'amour de moi et de l'Evangile, qui ne reçoive présentement le centuple de ce qu'il a laissé, et dans le siècle à venir la vie éternelle. » Ces paroles n'ont pas été proférées légèrement; elles ont un grand sens, que le monde n'a point compris : s'il en eût eu l'intelligence, les hommes eussent été heureux, et trèsheureux dès cette époque.

selle dicterait le mouvement pour le bonheur de tous et le sien.

Ce nouvel ordre serait fait pour dénaturer toutes les idées reçues sur le beau, l'utile et l'agréable. Que l'homme, dans son isolement, ne se distingue que par les richesses, le luxe extravagant de la table, des habits et des appartemens, et le droit de commander en maître à des sujets, à des valets : ici, l'homme doit avoir d'autres inspirations, un autre génie ; il ne peut plus se considérer que par sa vigueur, sa santé, et le bon usage de toutes ses facultés ; le souverain bien auquel son âme doit aspirer, est l'estime et l'amour de ses concitoyens ; et, loin d'exciter de la jalousie, la seule passion que sa conduite fera naître sera cette émulation générale qui portera tous les cœurs à l'imiter.

Les passions privées des hommes sans association sont dangereuses, parce qu'elles causent des troubles et des désordres ; mais les passions qui naissent en assemblées sont les seules véritables, les seules capables d'entraîner la chute de toutes les illusions en science, en connaissance et en religion. Les hommes agissant par eux-mêmes dans un esprit d'union et d'intérêt commun, la fraude n'a plus de soutien, la trame des factions est brisée, détruite, et toutes les lois procréées par la méchanceté des partis, disparaissent comme les ténèbres devant les premiers rayons de la lumière de la raison.

Une nation qui est bien fondée dans la paix ne peut ni se troubler, ni troubler ses voisins ; des siècles peuvent s'écouler sans qu'il y ait aucuns faits dignes d'être consignés dans l'histoire, ou plutôt tout ce qui s'y fait, s'y fait constamment et chaque jour, et les événemens d'un jour sont ceux du siècle entier : d'où l'on doit tirer cette conséquence, que les nations qui se sont distinguées en événemens extraordinaires, ne furent jamais que des nations malheureuses, et ne sont devenues malheureuses que depuis que des hommes se sont servis de la force pour usurper et conserver les richesses publiques. J'ai quelque soupçon qu'Adam, qui était placé dans le Paradis terrestre, lequel n'existe plus depuis lui, fut le premier usurpateur, un méchant qui perdit l'espèce humaine en s'emparant de ce Paradis terrestre, c'est-à-dire de l'autorité absolue. Il fut chassé ; mais il y a tout lieu de croire qu'il eut des imitateurs. Dès-lors la corruption se répandit chez tous les hommes ; ils élevèrent, par orgueil, la tour de Babel, qui ne produisit que la confusion des langues et tous les maux qu'entraîne la mésintelligence des esprits, puis enfin le déluge, qui les fit tous périr misérablement : résultat inévitable des divisions d'intérêts.

Depuis ces premiers événemens, qui nous ont été transmis par des allégories, l'histoire des nations n'a plus été que l'histoire de l'ambition et de la dépravation des hommes. Cependant, à travers les guerres, les dévastations et le bouleversement des empires, la malheureuse espèce humaine n'a pas perdu, malgré ses désolations, le sentiment de son bonheur, qu'elle a constamment recherché en vain. C'est ce sentiment trop subordonné aux erreurs, à l'inhabileté et à l'indifférence des dominateurs, qui a donné naissance à toutes les sortes de philosophies et de religions qui sont créées, et qui ont constamment varié depuis l'antiquité la plus reculée jusqu'à nos jours, pour apprendre aux hommes à souffrir les injustices qui les accablent, et à jeter dans leur esprit des illusions qui les consolent; car l'instant où leur asile est violé et leur propriété enlevée par la force ou la contrainte, est celui où des prêtres, ministres d'hypocrisie, multiplient partout les frivolités et les fourberies consolantes d'un culte religieux; où des baladins, dans les villes, amusent la curiosité de l'ignorance et de l'oisiveté dont sont accablés tous les hommes, pleins des vices et des corruptions du despotisme. Les belles maximes de morale deviennent ici une bien frivole compensation de nos misères, et elles ne sont vivement senties que quand les hommes sont les plus malheureux. Sénèque, qui en a donné de sublimes, vivait sous Néron, et la morale de l'Evangile ne fut reçue avec empressement que sous le despotisme des empereurs romains, qui ne pouvait être qu'odieux par ses cruautés et ses injustices.

Démocratie! sublime institution, établie par la nature et par la raison éclairée qu'elle inspire, vous seule êtes capable de rétablir l'espèce humaine dans son antique félicité; vous voulez que la terre soit à la société qui l'exploite, et qu'elle ne soit à personne en particulier; vous voulez l'union des familles et la stabilité de cette union; des travaux communs, des plaisirs et des devoirs communs, une vie réglée, uniforme et frugale; vous voulez que l'amour qui anime l'espèce humaine pour sa régénération, soit ce qu'il doit être, volage et capricieux ; vous voulez, en un mot, prendre la controverse de nos lois et de nos usages pour l'établissement des vôtres, et vous alliez ces novations à la liberté, à cette liberté qui ne souffre ni morale ni religion en simulacre et en vaines paroles, mais qui les met en action, pour n'y songer pas plus que les corps sains et robustes ne songent à leur santé.

Ce n'est point dans le feu des troubles et des guerres civiles ou étrangères que l'on peut fonder un légitime gouvernement : cette révolution est ennemie de toute violence, et, dans le calme et la tranquillité des esprits, l'action de son établissement ne peut jamais entraîner de désordres semblables à ceux qui substituent une forme de despotisme à une autre ; elle est faite, au contraire, pour réveiller, pour ranimer paisiblement et agréablement les âmes engourdies par l'esclavage, pour consoler et calmer les esprits, toujours disposés à se livrer à tout ce qui est bien. Les mauvaises mœurs sont faciles à démolir, le peuple ne les possède que par les habitudes prises du despotisme, et elles cesseraient aussitôt qu'il apparaîtrait un changement susceptible d'améliorer son sort. Rappelez-vous, pour exemple de ce que j'avance, cette imprudente loi qui obligeait les prêtres à un serment qu'ils ne voulurent point prêter ; cette loi, qui abolissait les dîmes, qui anéantissait les droits féodaux : le peuple, flatté de ces novations, de ces restitutions d'anciennes usurpations, malgré sa crainte des nobles, son respect hypocrite pour les prêtres, aurait chassé avec allégresse et les curés et les seigneurs, si la même loi l'eût poussé à cette violence, tant est grande sa passion de la liberté et de l'indépendance, et sa haine de l'inégalité de condition. Le peuple est sensible au bienfait qui lui arrive franchement et loyalement, il n'est injuste envers personne; mais lui manque-t-on de justice? il ne craint point les bouleversemens; et, dans les troubles civils, sa règle est toujours de se jouer avec allégresse de l'humiliation de ses maîtres, quels que soient les vertus et les talens dont les courtisans les gratifient; et si, par d'inutiles révolutions, il paraît être barbare, stupide, ou n'être affectionné à rien; s'il paraît acquiescer, favoriser même les crimes politiques qui arrivent dans le conflit de la tyrannie ou des factions, l'immoralité qu'on peut lui reprocher est, dans tous les cas, l'image de l'immoralité de son gouvernement. L'inertie publique, l'ignorance et l'aveuglement d'un peuple ne prouvent point contre les hommes; ils prouvent seulement l'injustice du gouvernement, comme l'anarchie en prouve la faiblesse; et quand un peuple entre en effervescence, il exprime assez par-là sa passion secrète de devenir plus heureux par le changement qu'il prévoit; d'où il suit qu'un loyal réformateur sera toujours puissamment secondé par ce vœu secret de la société.

Il faut être absolu pour faire le bien comme pour faire le mal; le mal même est un puissant levier pour rétablir les vertus publiques, réformer l'existence civile et assurer la liberté. Une fois l'opinion fixée sur la réforme qu'il serait dans l'intention d'accomplir, le peuple, dans l'expectative de son bonheur, se réveillerait, se ranimerait par la lueur de l'espérance, et se vouerait entièrement à la sagesse ; car il sait, sans en connaître la cause, qu'il a besoin d'un régulateur franc et sincère, d'un père qui lui donne la vie et l'existence.

Cette grande réforme ne peut pas s'établir activement en masse générale, elle froisserait trop vivement les opinions qui ne se trouveraient pas préparées à cette grande mutation ; il faut avant tout persuader un petit nombre d'hommes de bonne volonté, donner à ce petit nombre une existence conforme au plan que l'on se serait proposé ; cette opération, faible dans sa naissance, s'agrandirait chaque jour, pour devenir enfin d'une rapidité qu'aucune puissance humaine ne pourrait plus arrêter ; de même qu'à la naissance du christianisme, la première impression de cette nouveauté émanée d'un seul homme, sans puissance et sans autre appui que la bonne volonté, n'ayant d'autre autorité que les véritables maximes d'une vraie société, puisqu'il changeait, par le délaissement des richesses, l'état civil des peuples, cette croyance se répandit et s'accrédita très-promptement dans tout l'empire romain.

Cette organisation nouvelle ne doit être dans son principe qu'une pure fiction, sans qu'aucun citoyen soit contraint de s'y soumettre ; elle doit porter avec elle un caractère de modération et de complaisance qui ait l'apparence de ne rien changer, de ne rien déplacer de l'état civil actuel ; car c'est au temps, au délaissement des mœurs et des coutumes vicieuses, et aux avantages réels de l'union, à opérer seuls cette régénération, sous l'impulsion discrète du régénérateur, qui doit avoir plus en vue la postérité que l'état présent des citoyens, dont les mœurs, roidies par l'habitude, se plieraient difficilement à l'esprit convenable à la dépendance qu'exige la liberté. Former d'abord des établissemens de familles sur plusieurs points du territoire national, tout un canton rural dans chaque département, par exemple, où les richesses ne devraient point être épargnées pour donner à ces premiers établissemens un intérêt frappant de majesté et de grandeur, afin de faire pencher favorablement l'opinion publique sur ces créations nouvelles. Cette opération est comparable à celle des fondateurs des communautés religieuses, qui assujettissaient les hommes qui se vouaient à ce genre de vie à des règles et à des devoirs aussi fatigans que ridicules, et qui eurent, malgré cela, des sujets soumis, par ce sentiment de bien-être privé que chacun recherche. Mais, bien différent ici dans le but et l'objet, combien plus les hommes s'empresseraient de s'y conformer; institution plus naturelle, les magistrats actifs de cette fictive organisation auraient de puissans moyens pour convertir cette fiction en réalité. Les avantages n'en seraient point équivoques, puisque tous les intérêts étant confondus n'en formeraient plus qu'un, et que personne ne pouvant agir isolément, tout s'exécuterait par masse avec une célérité et une activité sans exemple. Quelle différence de cette vie active et réglée à celle de ces hommes délaissés et abandonnés à leur caprice particulier, sans plan, sans ordre, et dans une confusion générale; de quelque côté qu'on les envisage, le calme et la paix de l'âme ne sont jamais leur partage ; et quand on examine. enfin, tant d'hommes isolés, leurs courts plaisirs, et les peines qui les suivent, on ne voit que désordre et confusion universelle, et toujours l'homme humilié de sa faiblesse et de sa misère : plusieurs cherchent la vérité, mais ils ne sont en position, ni pour l'apercevoir, ni pour la comprendre ; d'ailleurs, quel effet peut produire individuellement une vérité reconnue ? aucun.

Quand l'esprit de l'homme est séparé de l'esprit de ses frères, toutes ses actions sont brutales ou fausses, ou nuisibles à tous. Quand l'esprit de l'homme est uni à celui de ses frères, toutes ses actions sont vraies, aimables, et agréables à tous. Diviser l'esprit, fonder des institutions pour maintenir cette division, pour le contraindre à dépendre du caprice de quelques hommes, c'est les tromper, c'est vouloir aliéner leur jugement, c'est fonder l'athéisme, donner cours à toutes les illusions, à tous les égaremens ; c'est les abandonner sans boussole au milieu des mers ; et c'est dans le désert que le diable donna à Jésus des conseils qu'il eut la sagesse de ne pas suivre : une telle prudence est bien rare.

Quelle différence ne présente pas l'état de société ! la vérité qui s'y fait connaître élève et grandit l'âme ; la force et la volonté, réunies par un égal sentiment d'intérêt, ne présentent plus ce spectacle de délaissement qui rend si misérable, en faisant apercevoir une outrageante inégalité : faible, on n'a plus besoin de force, on est dans un tourbillon harmonieux, dans un buisson ardent, on vit ; la paix, l'accord assurent à tous les membres des familles ainsi formées une existence solide et honorable ; liées par une même intelligence qui prend sa source dans les mêmes conceptions de bonheur, elles agissent sans hésitation et avec la plus grande activité pour créer et édifier toutes les choses qui leur sont nécessaires ou agréables, jouissant ensemble des mêmes plaisirs, remplissant les mêmes devoirs. Il n'existe plus pour eux de joug insupportable, les connaissances acquises se conservent et se perfectionnent, elles influent sur l'uniformité des intelligences, sur la droiture des idées et sur la justesse des jugemens : qu'une invention, fruit du génie, qu'une nouveauté utile vienne à être découverte, à l'instant elle se communique à tous avec la même perception d'idée, la même étendue d'imagination, et le même intérêt; d'où l'on peut raisonnablement conclure que dans ces familles perpétuelles il y aurait plus de stabilité dans l'exercice des sciences et des arts, plus d'activité dans les travaux et dans les entreprises pour parvenir à la perfection de toutes choses : constante activité de corps et d'esprit, uniformité qui ne peut exister parmi les hommes dans l'isolement, où le feu du génie n'a que des bluettes qui ne frappent qu'un instant, et qui vont bien vîte se précipiter dans la nuit de l'ignorance, ou se briser contre le rempart des préjugés qui enveloppent nos vieilles habitudes ; tandis qu'en société il forme un faisceau de lumière, une colonne de feu qui dirige et éclaire constamment, et tout ce qui s'opère alors prend un caractère de grandeur et de majesté que notre existence civile n'offrira jamais.

La raison a beau crier, à la conscience de nos législateurs, que la liberté civile ne peut exister au milieu de la licence et de la dépravation ouverte ou secrète des êtres isolés, par la controversité des pensées et des opinions; personne n'a encore songé à appliquer le remède convenable pour guérir cette plaie politique, qui est si simple à reconnaître et à découvrir, en consultant sa propre conscience: c'est là qu'il est caché; mais, leur esprit étant engourdi par la servitude, ils l'ont ignoré. La liberté, principe de paix et de bonheur, n'est que la vérité montrée aux hommes par une organisation spirituelle qui embrasse tous les états et toutes les occupations de la vie, dans un seul système d'action variable selon la volonté nationale.

Bientôt des édifices vastes et commodes s'élèveraient à la place de ces petites chaumières incommodes et mal saines, des travaux champêtres, des arts et des manufactures de tous les genres s'exploiteraient et s'exerceraient en grand, sous la direction de cultivateurs intelligens et d'artistes expérimentés que présentent de grands ménages bien ordonnés; tous dévoués aux diverses occupations, selon leur âge, leur sexe et leur génie, travailleraient par goût et par émulation; assurés de leur existence et d'un sort permanent et durable, ils seraient en paix, sans désirs déréglés; portant tous la même physionomie, n'ayant qu'un même langage, et jouissant des mêmes plaisirs, ils se livreraient tous à la même bienveillance et aux plus douces affections. Leurs désirs, associés à la raison, et toutes leurs passions, inspirées par la nature qui ne trompe jamais, seraient ouvertes à des jouissances paisibles et sans remords; leur esprit n'étant point dégradé par la crainte ni par aucun fana-

tisme civil et religieux, les préjugés ne les trou-
bleraient plus. L'économie, fruit de l'ordre, l'économie et les travaux, allègeraient le fardeau de
la vie; on ne verrait plus une partie des citoyens
surchargés de soucis, de peines et de soins, et l'autre
de paresse, d'orgueil et d'ennui; on ne verrait plus
le sourire ridicule du riche, la douleur et la misère de
l'infortuné. Les vicissitudes de la vie ne dépendant
plus de la conduite des hommes entr'eux, mais de la
nature seulement, ils n'auraient plus de prétexte pour
s'alarmer, se déchirer et s'humilier; les procès, les
querelles et le vagabondage ne pourraient plus exister; la sombre et noire justice n'aurait plus à prononcer sur les contestations créées par la cupidité, l'inhumanité et l'avarice; et, pleins de confiance entr'eux,
animés d'un même esprit, occupés de travaux uniformes pour l'intérêt et la gloire nationale; quelle force
et quelle puissance n'auraient pas les hommes! combien leurs âmes ne seraient-elles pas nobles et élevées!

Il ne suffit pas de changer l'organisation d'un gouvernement; il ne suffit pas de changer de maître pour
opérer une régénération. Si l'on ne change pas les
mœurs et les habitudes des citoyens, l'opération est
vaine; car il importe fort peu sous quelle forme les
méchans hommes gouvernent, et sous quelle forme
les méchans hommes sont gouvernés. Les événemens
de la révolution nous l'ont prouvé bien cruellement;
ils ont donné à la patrie l'expérience de deux formes
de despotisme: l'un, monarchique, et l'autre, démocratique. Celui-ci, faussement qualifié de république,
malgré la guerre, les échafauds, les vociférations et
les haines échauffées par les factions, portait dans son

désordre une sorte de vie politique qui, loin de nuire, donnait du ton à la patrie, en faisant naître dans la multitude, toujours confiante et crédule, des espérances de bien-être imaginaire. L'autre, plus calme en apparence, et par-là même préféré des ambitieux, des grands, des puissans, des prêtres, des âmes basses et des valets ou soldats mercenaires, refoulant les passions dans le cœur des citoyens, et ne souffrant plus leurs débats dans les assemblées et lieux publics ou clubs, éteignit bientôt toute l'énergie des âmes. Ces changemens, ces métamorphoses portèrent d'une manière remarquable leur influence sur la population ; elle s'accrût dans l'oligarchie, et elle baissa, sous la monarchie nouvelle, dans une très-grande proportion. D'après une remarque faite daus mon village, les naissances, sous les quatre ou cinq années de vive anarchie oligarchique, se portèrent, par an, à trente-trois, trente-quatre ; d'autres communes voisines, dont les registres ont été compulsés, ont donné une population proportionnelle; et sous la monarchie de Bonaparte, elle retomba, comme avant la révolution, à treize, à quatorze naissances seulement. Si aujourd'hui la France comporte une plus grande population qu'avant la révolution, cet accroissement procède nécessairement de cette époque. Cette différence entre les causes d'activité ou d'indolence nationale est essentiellement liée à la forme du gouvernement. En effet, quelle vertu peut-il exister dans un peuple inanimé, dont le gouvernement n'est qu'un monologue qui ne présente aucun intérêt, et qui ne se maintient que par l'état des richesses spoliées sur les sujets qui, appauvris, restent sans honneur et sans gloire ?

Ames honorables d'aujourd'hui, qui possédez assez de vertu et d'honneur pour vous soustraire à ce mouvement de masse, à cet aveuglement général, c'est dans votre amour pour la patrie qu'existe encore le vrai germe du corps politique; faites-le éclore par la chaleur de vos discours; exaltez les charmes de la liberté pour réveiller l'attention publique, l'attention de ceux qui l'enchaînent. La nation n'est pas morte ; elle n'est qu'engourdie par l'erreur et le mensonge. Parlez ; c'est la parole que vous devez employer pour les détruire; et non le fer et la flamme, les armes des fous et des méchans, qui, voulant tout sacrifier à leur domination, préfèrent voir la terre déserte, y voir multiplier les loups et les serpens, plutôt que l'espèce humaine. Soyez comme l'enfant, ayez son innocence; s'il souffre, il crie : voilà comment il réveille l'attention de ceux qui lui doivent des soins. De même, hommes sages, amis de votre patrie et du bonheur de vos semblables, parlez et agissez sans cesse, pour faire prévaloir la science du bien sur la science du mal; point de relâche, jusqu'à ce qu'enfin un prince, un chef, touché de vos clameurs, survienne pour être le restaurateur de la liberté (*). Cette disposition, à laquelle son cœur serait enfin impulsé par vos douces maximes, par la force de vos raisons, serait infiniment plus avantageuse à la puissance et à la majesté de la nation, que les talens politiques, que les talens militaires, qui peuvent faire

---

(*) Les glorieuses journées des **27**, **28** et **29** juillet **1830** ont heureusement réalisé cette brillante prédiction.

(Note de l'Éditeur.)

5..

un instant admirer le prince, mais qui n'offriront jamais rien d'heureux pour le bonheur d'un peuple ; car la majesté et la puissance d'un peuple sont moins attachées à la puissance et à la sagesse de son chef qu'à la liberté dont il jouit. En effet, quelle physionomie différente ne présente pas un peuple libre, comparé à un peuple esclave ? Faut-il soutenir une guerre ? si, par l'institution de son gouvernement, le peuple l'a approuvée ou ordonnée, l'intérêt que chaque citoyen prend à sa patrie le dispose à des sacrifices immenses et à des actes d'héroïsme inconnus aux esclaves ; si, au contraire, le pouvoir absolu se la permet en son nom, le peuple y prend alors peu d'intérêt : et ce prétendu gouvernement , en ruinant la nation, n'a pas à sa disposition la centième partie des forces nationales : encore n'agissent-elles que par un esprit mercenaire. Ici , le militaire fait lâchement son devoir, déserte ou trahit son maître quand il peut le faire impunément ; là , au contraire, il vole au combat et reste ferme à son poste ; l'amour de la patrie transporte son âme et le rend invincible. L'exemple du peuple romain est frappant : tant que cette nation conserva ses mœurs et sa liberté, elle fut toujours victorieuse ; et elle ne le fut plus dès qu'elle eut perdu les unes et l'autre. Voyez aujourd'hui, chez ce petit groupe de Grecs luttant avec énergie contre le colosse Ottoman , tout ce que vous avez vu à la naissance de la révolution , quand la France luttait contre toutes les nations de l'Europe. Si Bonaparte a été si souvent victorieux, c'est que l'armée française croyait combattre pour la patrie. A la fin , ce feu s'est éteint dans les chefs de son choix , et il est déchu ; et il est déchu, parce qu'il a eu l'imprudence d'appeler l'armée française, son armée. Les soldats habitués à l'obéissance par esprit de corps ne raisonnent point ; mais ils aiment leur patrie : et si l'armée eût été consultée , elle n'aurait pas mis bas les armes. Les nations libres ne font jamais la paix , elles la donnent aux peuples vaincus.

Constituez une nation de manière à ce que les volontés privées ne puissent plus agir pour leurs avantages personnels ; alors toutes les iniquités cesseront, et les volontés privées cesseront d'agir, quand la société, de muette qu'elle est, parlera et dirigera seule. Les gouttes d'eau sont petites ; mais quand elles se réunissent dans leur chute, elles forment des torrens qui renversent les digues opposées à leur cours ; mais aussi elles forment des rivières et des ruisseaux qui fertilisent les plaines et vivifient la campagne. Il en est de même d'une nation bien organisée ; elle vivifie tout, et détruit tout ce qui s'oppose à elle ; rien ne lui résiste ; elle porte, dans sa conscience, une cuirasse que rien ne peut fausser ; elle brave le danger ; elle se rit de la mort quand elle combat pour sa liberté.

Mais si les princes qui gouvernent despotiquement une nation sans autre organisation que celle établie pour leur intérêt particulier ; et si la horde des ambitieux accolés à leur puissance, sourds à la voix de la patrie, préfèrent laisser les choses dans l'état où elles sont, endurer et faire le mal , plutôt que de changer leur conception d'injustices en conception d'équité et de justice, cette nullité de leur raison , cette duplicité de leur conscience ne sont pas dans la nature du cœur humain ; elles ne sont que le reflet du crime politique qui s'exerce par toutes les nations , le reflet du génie borné par la coutume et les stupides honneurs que donnent la terreur et le luxe des richesses. S'ils savaient réfléchir, ils reconnaîtraient bientôt que tout pouvoir illégitime laisse des inquiétudes dans l'âme, et pour eux peu de sûreté, peu de plaisir ; qu'ils ont contre eux les courtisans en qui ils mettent leur confiance, les gens éclairés, amis de la justice, les sages, qui se taisent par amour pour la paix ; qu'ils ont contre eux la corruption de l'esprit public, l'indifférence et la haine comprimées en secret dans les consciences des peuples, qui, soupirant après la tranquillité et le bonheur, n'admettent jamais d'excuse envers des maîtres, qui, étant en puissance d'agir et de faire le bien, négligent ou méconnaissent les moyens qu'ils ont à leur disposition ; qu'ils ont aussi contre eux leur fausse gloire, leurs faiblesses ou leurs caprices qui peuvent les perdre à chaque instant. Ils frémiraient s'ils comprenaient enfin la source de leur puissance, qu'ils ne doivent qu'aux désordres de la patrie, qu'à la chute d'un précédent despotisme, ou au jeu d'une grande anarchie, toujours prête à se renouveler ; car une nation, quoique fatiguée, y rentre toujours périodiquement sous le cri violent de la liberté. C'est une époque où tous les citoyens sont enivrés d'espérance, et les dominateurs de crainte. L'effervescence naît, s'accroît et cesse sans qu'il y ait de changement dans l'ordre civil et dans les mœurs. Tous ces événemens ne sont point des révolutions qui ramènent le bonheur ; ils ne sont que la circulation nécessaire d'une existence politique fondée sur l'ignorance, les préjugés et la malice humaine, entièrement opposée à la bonté du cœur humain dans son état naturel. Si

donc un prince était frappé de ces vérités, et qu'il
voulût rétablir l'ordre et l'harmonie immuables de la
liberté, bientôt toutes les volontés s'empresseraient
avec allégresse de le seconder dans son dessein.

Ce qui s'est passé à la convocation des états-gé-
néraux justifie ce que j'avance : elle fut reçue avec
allégresse par le peuple, qui espérait une amélioration dans son existence par cet acte émanant de la
probité et de l'intelligence du roi paraissant vouloir cesser d'être despote, et acquérir en échange le
titre d'instituteur et de protecteur, qui certainement est le pouvoir le plus grand qu'il y ait dans
le monde, puisqu'il est le principe de toute équité
et ne comporte avec lui rien d'illégitime : pouvoir qui
n'est point injurieux, parce que l'acte qui institue
n'est pas une loi, et n'est pas, comme la loi, sujette
à acceptation publique. Car, si l'institution établie
est juste et parfaite, le peuple n'a plus rien à désirer ;
si, au contraire, elle est vicieuse et basée sur de faux
principes, comme on peut le dire des chartes qui ont
été octroyées, elle est nulle et sans effets, parce qu'on
ne peut lier une nation que par la vérité, que par
la perfection : tout ce qui l'altère n'est jamais valide.
C'est par cette raison que l'on peut considérer la
charte de Louis XVIII comme un ouvrage manqué,
sans autre valeur que les diverses constitutions qui ont
paru et disparu.

L'institution d'une nation est donc un acte extraordinaire qui, une fois établi légitimement, ne se crée
plus ; elle est perpétuelle et éternelle ; rien ne peut l'altérer, si elle comporte cette perfection qui lui est propre : et pour l'établir, il ne faut qu'un germe de génie

dans un homme tout-puissant, qui se fera un devoir de conscience de devenir le père de la patrie.

Le premier germe du corps politique, étant créé, naissant, ayant vie, il faut qu'il se fortifie, qu'il grandisse sous une prudente et persévérante direction ; qu'il acquière avec le temps les connaissances et la raison pour agir et se conduire par lui-même; que les mœurs publiques soient retrempées et ramenées à la nature du cœur humain dans l'état naturel ; que les esprits séparés s'apprivoisent pour s'accoutumer aux mêmes sensations; qu'il soit protégé enfin jusqu'à ce qu'il ait acquis assez de force et de capacité pour faire ses lois et les accomplir.

Vous concevez que puisqu'il faut autant de temps et autant de soin pour constituer une nation, il y a nécessairement une grande différence entre cet acte et la loi, qui n'est qu'une fausse institution écrite qui se donne dans les vingt-quatre heures.

Une loi est un acte qui émane des citoyens établis en corps de nation; c'est un acte de tous les jours et de tous les instans de la vie du corps politique, qui s'exécute à l'instant qu'elle est portée.

L'institution, au contraire, est inébranlable et inaltérable, ce qui est très-différent de la situation politique actuelle, où nos codes de lois sont inflexibles et nos institutions flottantes, selon les caprices des factions qui accompagnent toujours la puissance absolue.

Cette distinction, qui n'a jamais été faite par nos modernes instituteurs, justifie combien ils furent peu éclairés quand ils soumirent diverses constitutions à l'approbation publique, à l'approbation d'un public ignorant, arrogant et jaloux ; d'un public avili par le despotisme, qui lui ôtait la raison, la sagesse et toutes les connaissances convenables pour voter dignement. Ces constitutions ne justifiaient point les titres qui leur étaient attribués ; elles n'étaient que la déclaration des variations qu'elles opéraient dans la forme du despotisme établi : aussi quelle indifférence les citoyens n'ont-ils pas apportée dans leurs acceptations ! quelques-uns ont dit, oui ; quelques-uns ont dit, non ; ces oui, ces non, cette indifférence de votes ne pouvaient établir aucun droit légitime, il ne pouvait y avoir que l'ignorance qui osât s'en prévaloir.

Ces erreurs commises ne doivent-elles pas un jour servir de leçon aux sages politiques qui ont réfléchi, pour leur faire apercevoir le peu de solidité et de sûreté à espérer d'un gouvernement dont le jeu ne roule que sur une tête faible, mobile et variable, sur laquelle vont stupidement se neutraliser l'amour de la patrie et la majesté nationale? Que les rois, les grands, les hommes de tous les grades, et le peuple enfin, ouvrent les yeux; ils verront le gouffre dans lequel ils sont tous plongés : il n'existe plus de bien, les maux sont ostensibles; on voit de toutes parts le luxe effréné des grands, qui se partagent les richesses publiques; la misère frapper, au milieu de l'abondance, les villages et les départemens; on voit l'affaissement de l'esprit, les fourberies, les piéges, les dépravations, les conjurations, les émigrations et les cabales qui indignent et épouvantent la nation. Avec de la bonne foi et de la raison, il est prouvé, pour tout le monde, qu'il y a nécessité absolue de réformer l'état par d'autres principes plus convenables que ceux sous lesquels tant de misère pèse sur le public. Tous les temps sont propres à cette régénération : un prince le voulant, il lui est aussi facile de changer la forme du gouvernement, qu'à un comédien la décoration de son théâtre; et de faire enfin régner cette première justice politique, que nul homme n'a encore jamais pratiquée.

J'admire Pierre I.er de Russie; il fut le seul despote dans nos temps modernes qui ait vraiment montré un caractère d'instituteur de nation; s'il eût connu les véritables principes qui fondent la liberté et l'existence honorable d'un peuple, il aurait eu le courage d'accomplir ce grand œuvre ; lui qui, animé du premier enthousiasme de faire le bien de sa patrie, ne craignit pas, nouveau Brutus, de sacrifier, pour la solidité de ses novations, son propre fils, qui montrait, par l'impulsion des prêtres, de l'aversion pour tous les changemens qu'il avait conçus et opérés. O heureuse la nation! ô heureuses les nations voisines de cette nation! ô heureuses toutes les nations de la terre ! s'il apparaissait parmi l'une d'elles un homme semblable, mais ayant une génie plus humain et plus éclairé pour asseoir une institution sur ses vrais fondemens ! Tout le globe ne serait bientôt plus qu'un point dans l'immensité du génie humain, la raison agrandie ferait bientôt comprendre à tous les hommes que les richesses et les productions de tous les climats leur appartiennent, qu'ils peuvent les transporter d'un hémisphère à l'autre pour en jouir en commun, sans se les disputer les armes à la main; qu'au lieu de massacrer les hommes et de détruire leur industrie par des guerres sans raison, des colonies peuvent être établies sur ces vastes contrées où les productions de la terre ne sont utiles qu'aux animaux qui les occupent, et qui n'attendent, pour produire abondamment, que des mains industrieuses dont elles sont prêtes à recevoir les travaux.

Courage à celui qui saura méditer en grand et pour l'avenir sur la félicité humaine, qui saura comprendre qu'une véritable charte n'est point inintelligible; qu'elle est naturelle, et ne souffre point d'illusion; qu'elle est juste, parce qu'elle veut l'égalité parfaite; qu'elle ne permet plus aux hommes de se dire : ceci est à moi, celle-ci est ma femme, ceux-là sont mes enfans, j'ai tels droits, j'ai tels pouvoirs, je peux disposer de ma volonté, de la volonté d'autrui. Elle veut, au contraire, que toutes les choses soient égales pour tous les êtres croissans et décroissans, jouissances et plaisirs, soins et travaux, sûreté et protection ; que personne ne puisse disposer de rien, parce que la société doit tout posséder, doit disposer de tout pour tous également, afin de ne composer, et des hommes et des choses, qu'un tout indivisible, une unité divine.

En effet, le droit de propriété divisible, vendable et achetable, n'est point un droit réel, il n'est qu'une usurpation de la souveraineté, une altération de la sociabilité, le fondement du tien et du mien, d'où ressortent les passions d'ambition, de haine et de jalousie qui seront à jamais les causes de toutes les usurpations et des guerres qui s'élèvent entre les nations, et de tous les désordres privés et publics de l'intérieur de chaque nation.

Il n'y a donc que l'abolition de la propriété privée

qui puisse placer l'homme dans cette heureuse existence civile par laquelle les préjugés sur les richesses
et leurs funestes effets, pour les conserver ou pour les
agrandir, pour les défendre ou pour les usurper,
seraient anéantis avec les causes qui les entretiennent.
La religion avec ses sectes différentes, la philosophie
avec ses sectes variées, cesseraient de s'invectiver et
d'entretenir et d'alimenter les factions; les hommes se
concilieraient et s'identifieraient avec la cause commune; plus de mal, plus de bien mal entendu; tout
serait parfait, et la perfection de toutes choses, ban-
nirait de l'esprit tout ce qui frappe d'horreur l'imagination, toutes les idées effrayantes de justice, d'enfer,
de prison et d'échafaud ; l'homme deviendrait sans
droit sur l'homme, la patrie absorberait tout, et toutes
les passions, n'ayant qu'une impulsion d'une commune
volonté, loin de se nuire, fortifieraient la patrie, et la
rendraient chère à tous les cœurs. Les hommes naissant
égaux, vivant en commun dans cette égalité, et tous
élevés également, il n'y aurait plus de faux frères,
d'infidèles, d'excommuniés, de schismatiques, de
délateurs, de vagabonds et de voleurs; le mensonge
ne serait plus un moyen d'acquérir de la réputation,
du crédit, de la fortune et des emplois; les sermens,
les invocations, les suppliques ne seraient plus nécessaires, la patrie serait le Paradis terrestre retrouvé; le
Paradis ne serait plus idéal; le vrai Dieu serait adoré par
tous les hommes vivant en paix par l'harmonie de leurs
esprits; sa divinité serait la patrie, sa divinité serait le
tout; il parlerait au cœur, il l'éclairerait sans cesse;
il ne parlerait plus à des êtres privilégiés qui se disent
ses ministres, ses envoyés, pour tromper, pour désu-

nir; il parlerait à tous également, sans intermédiaire
entre l'homme et lui; il expliquerait clairement et
sans embûche la loi de son bonheur; son église,
sa cité serait la famille; son église, sa cité serait
la collection de toutes les familles de la république du monde entier; on y jouirait continuellement de sa présence réelle, sans illusions, sans
fausses apparences; tous les mystères seraient dévoi-
lés et éclaircis par la lumineuse vérité, nul pervers
ne pourrait les obscurcir; on y découvrirait le vrai
sens des allégories du primitif bonheur, du bonheur
de cet âge d'or inconnu et tant vanté dans l'antiquité
des temps, avec cette intelligence surnaturelle que
l'homme ne possède pas dans sa dégradation; on y découvrirait que l'homme est Dieu le père, caché sous
le voile de nos mystères religieux, que Dieu le fils est
le pain, fruit de sa peine et de sa sueur, et que le St.-
Esprit est la figure des heureuses pensées qui naissent
dans la société, et que l'homme acquiert par sa raison et par son expérience, dans l'allégresse d'un cœur
pur, pour jouir innocemment des plaisirs de l'existence, et pour procréer son semblable par les douces
inspirations de l'amour, afin d'acquérir ainsi la vie éternelle de l'espèce humaine dans ce Paradis terrestre en
réalité, céleste en imagination. On ne dirait plus: l'œil
n'a jamais vu, l'oreille n'a jamais entendu; on jouirait de tous les plaisirs des sens, on reconnaîtrait en
soi la majesté ineffable de la divinité, on naîtrait, on
vivrait, on mourrait, on renaîtrait et on mourrait
encore dans l'innocence de la nature, toujours vierge,
toujours mère, pure et sans tache; on ne pourrait plus
se nourrir de fruits défendus, le serpent de la jalousie

et de l'ambition serait mort pour toujours; l'homme ne pourrait plus être trompeur, l'homme ne pourrait plus être trompé; rétabli dans sa première existence, il serait exempt de tous vices, et tel qu'il est sortant des mains de Dieu.

Un peuple ainsi organisé ne serait plus accablé par des dominateurs temporels et sacerdotaux, ni trahi par des députés ou représentans, et par tous ces agens vendus salariés du pouvoir; ce scandale cesserait, alors il n'y aurait plus de pécheurs ni de péché, de fausses lois, ni d'infracteurs de ces lois; les sectes diverses seraient éteintes, plus de contraste dans les mœurs, les coutumes et les rites. Tel serait l'effet magique et admirable que produirait sur les esprits le gouvernement démocratique et théocratique, si les hommes n'obéissaient qu'à Dieu ou à eux-mêmes en corps collectif; gouvernement aussi simple que facile dans son action. Chaque famille étant une, et toutes ayant des centres de communion, il leur est facile de se communiquer leurs décisions sur une loi qui serait proposée pour l'intérêt général; deux monosyllabes seuls suffisent après avoir discuté et délibéré familièrement sur son importance; le oui et le non: le oui décidera ce qui doit s'exécuter, et le non, ce dont on doit s'abstenir.

Mais les hommes jouissant actuellement des avantages qui résultent de l'antique usurpation du droit divin, du droit de contraindre les nations à l'observance de leurs lois et de leurs ordonnances, repousseront avec activité, avec fureur, tous changemens qui les dépouilleraient de leurs droits prétendus de juger, d'enseigner et d'absoudre; ces hommes, ces fanatiques, ces routiniers, ne doivent point être écoutés par le fondateur d'une semblable institution ; qu'il laisse mourir dans leurs cœurs leurs erreurs, et ne dispute point avec eux. Ce qui doit le rassurer dans ses œuvres, c'est qu'il existe individuellement dans les âmes une démocratie tacite, une théocratie, esprit d'amour et d'union qui les disposera à accueillir avec enthousiasme cette grande réformation ; la patience et le temps seuls suffisent ; la raison, mise en action, purge toutes les erreurs ; ce sentiment étant exalté et professé publiquement, se répandrait bientôt chez les voisins, et, de proche en proche, par toute la terre ; ce qui eut lieu à la publication de l'Evangile se renouvellerait infailliblement ; et si les rois avaient la générosité d'y concourir, le succès serait certain.

A. — Quelle douce et flatteuse idée vous vous êtes faite de l'espèce humaine sous l'empire de la démocratie, dont vous avez tracé le modèle ! Serait-elle susceptible de l'exercice de tant de vertus ? pourrait-elle se maintenir toujours dans cet état permanent de perfection ? Je voudrais vous croire ; mais je ne sais pourquoi un sentiment de résistance m'arrête dans ma confiance en vos assertions. Je conçois cependant que les hommes sont susceptibles d'atteindre à un grand degré de perfectibilité d'esprit, que la civilisation peut encore s'élever plus haut qu'elle n'est encore parvenue, par l'effet d'un genre d'éducation que l'on se plairait à lui donner. Mais quand je considère la mobilité des passions et le contraste dans les caractères. il me paraît impossible de fixer d'une manière solide un bonheur égal pour tous. La sensibilité , qui fait penser , agir et désirer , est si inégale , les sentimens de plaisir qui les agitent tous sont si opposés , qu'il est douteux que le succès d'une semblable institution répondît au vœu de l'instituteur ; car il y aura toujours des germes d'imperfection dans les systèmes les mieux conçus, qui restent invisibles à l'esprit humain, et qui, se développant sans être aperçus, causent de grands ravages: l'expérience a toujours justifié cette réflexion.

B. — Si vous vous étiez bien pénétré de la pureté de la démocratie, de sa nature et de ses effets, vos idées ne seraient plus flottantes sur la solidité de cette institution ; sa pureté ne souffre ni ignorance, ni magie, ni miracle, ni culte extérieur ; les sept péchés capitaux, ces sept démons qui règnent avec empire dans les nations despotiques, en sont proscrits et chassés. Sa nature , qui est toute spirituelle collectivement , offre l'idée d'activité, de publicité et d'intelligence, qui surpasse toutes les idées de bonheur que l'homme isolé peut désirer et comprendre; et ses effets sont tels que ce gouvernement n'a plus besoin pour se soutenir ni de religion , ni de police, ni d'instruction, qui n'ont jadis été fondées dans les états despotiques qu'à cause du contraste des esprits et de la servitude de tous ; de telle sorte que les passions et leur variété, que vous opposez comme y devant jeter le trouble et le désordre , sont précisément ce qui en caractérise la perfection ; leur développement, dans toute l'énergie dont elles sont susceptibles, rend cette existence civile vive, active et agréable ; elles sont la vie du corps politique ; n'étant point comprimées par la crainte ni par la terreur , leur développement ne peut prendre de direction que de l'esprit, de la pensée et de la force individuelle de tous, assemblés en un; et cette unité ne peut plus être rompue, là où l'intérêt particulier n'existe pas; là où le scandale de l'inégalité de condition ne blesse personne : c'est un nouvel ordre qui, sans changer la nature des passions, toujours invariablement les mêmes, leur impose cette unité d'action qui les empêche de se choquer. En effet, la raison, ce précieux don de la nature, ne nous est jamais utile qu'en société; hors de la société, elle est presque toujours nulle pour tout le monde, et souvent nuisible pour nous. Comment dirige-t-elle l'homme désuni de son semblable? il est incompréhensible dans ses œuvres; il se livre secrètement aux passions que lui suggèrent ses besoins, ses plaisirs particuliers; il sera demain ce qu'il n'est pas aujourd'hui : chaque jour ses désirs changent d'objets, ses inclinations et ses goûts sont bornés; son esprit le trompe sans cesse, sa confiance est un piége qui le précipite dans le malheur; sa défiance lui fait perdre les avantages auxquels il voulait aspirer; ami de lui-même, il agit contre lui, il déteste le bien par prévention, honore le mal et l'erreur par intérêt; il fait des sacrifices imprudens, s'oublie pour son maître en se dévouant à ses caprices; agent indiscret, il coopère avec délice aux misères de ses semblables; insensible aux attraits de la vérité, il méconnaît le bien qu'il désire sincèrement; il erre dans la justice, parce qu'il n'a d'autres idées du juste et de l'injuste que l'observance ou l'inobservance de lois qui ne sont pas les siennes, de lois auxquelles personne n'a coopéré que quelques hommes qui se sont joués des misères de tous, et qui en profitent contre leur propre conscience : habitué à cette stupide existence , il y reste sans s'inquiéter de ses misères qui sont aussi celles de tout le monde.

Dans cette désolante situation , la masse de tant de malheureux, sans appui , sans force, sans pouvoir, abandonnés à leur propre sens, n'ont point d'autres ressources que d'écouter, d'obéir , de se taire, et de se rendre méprisables par toutes sortes de bassesses pour améliorer leur sort. Si par hasard quelques bons esprits osent échapper à cet état d'avilissement, osent se permettre de faire un franc usage de leur raison, ils sont signalés, réputés rebelles, et déshérités des grâces et des honneurs. Tel est le despotisme et ses effets : il détruit la bonté du cœur humain, paralyse les vertus et les talens : dans cet état, on peut dire que l'humanité entière est en révolte contre la sagesse divine qu'elle possèderait complètement dans la démocratie.

Dans la démocratie, les esprits sont exaltés aux choses grandes et majestueuses; toutes les félicités, toutes les magnificences les plus élevées et les plus étendues sont de son domaine; le contentement et l'allégresse universelle sont répandus partout ; partout l'activité des hommes se presse d'accomplir ce que l'esprit général a voulu et décidé, et il en apparaît bientôt des monumens indestructibles et éternels. Les pyramides d'Egypte, ces monumens peut-être antidiluviens, ces lacs, ces canaux, ces labyrinthes, ces palais immenses que l'histoire de l'antiquité nous représente d'une magnificence et d'une grandeur extraordinaires, ne seraient-ils pas les monumens de peuples libres, créés d'après leurs mœurs, pour leur utilité et leurs plaisirs? Je vous assure que je ne peux pas en douter. Mais quand je vois, par un contraste extraordinaire, tant de villes détruites, brûlées et renversées par la puissance du despotisme, par les actes de violence des anciens conquérans, je reste pénétré de la pensée qu'il n'y a jamais eu sur la terre, depuis Adam jusqu'à nous, de gouvernement légitime, et que nul homme n'a jamais eu ni l'idée ni la volonté de l'accomplir; car si les peuples eussent été constitués légitimement en corps de nation, ils n'auraient jamais eu de si grandes villes, ni à craindre de pareilles chutes et de pareilles horreurs. Mais tel est, tel a été, et tel sera toujours le sort des monumens de la tyrannie; et ces grandes villes, aujourd'hui existantes, ne seront jamais, aux yeux du sage, que des Babylones qui ne renferment que les déprédateurs des richesses des nations; c'est le crime politique qui les fonda, c'est le crime qui les agrandit, c'est le crime qui les détruit. Ce fut Caïn, fils d'Adam, qui fonda la première ville; et, depuis lui, les princes comme les esclaves n'ont été occupés qu'à satisfaire leurs passions individuelles, qu'à centraliser en leurs mains les richesses des nations; et la terre labourée n'a plus produit pour le laboureur que des ronces et des épines. Isolés, rapetissés, resserrés, et dans la tourmente sur la nécessité de pourvoir à leur existence, les hommes s'enfoncent, comme à l'envi, dans les préjugés les plus dangereux et les plus contradictoires. Les princes, comme les sujets, n'ont d'autre but que leur intérêt et leur gloire personnelle; les uns recherchent le commandement, pour faire prédominer leurs passions individuelles; les autres recherchent les richesses, et tous ensemble veulent accomplir leurs desseins particuliers; les sciences et les connaissances qu'ils acquièrent se rapportant à ces passions privées, ils deviennent savans dans l'art de se ruiner, de se dépouiller, de se supplanter les uns les autres. Les princes, les sujets s'étendent-ils en richesses, en propriétés, en domination, ils ont sans cesse à lutter contre les misérables, contre les malheureux qu'ils ont ruinés ou dépouillés; et, dans ces luttes permanentes et continuelles, on voit souvent la domination et les richesses acquises par la violence et par la fraude, s'éteindre et s'anéantir par les mêmes voies. Ils sont tous aveuglés par des agitations dont ils méconnaissent le principe et qui offrent à leur esprit égaré et fatigué de leur élévation et de leur chute, l'erreur de cette maxime de morale, qui les console assez mal dans leurs revers : « Il n'y a rien de solide sur la terre. » De-là, l'idée d'un autre monde plus heureux, comme si celui-ci n'était pas assez beau; de-là, l'idée d'un dieu qu'ils ont séparé, et qui est séparé en effet de leur être et de leur intelligence; d'un dieu qui dispose de tout arbitrairement, selon nous, et dans sa sagesse, selon lui; enfin, d'un dieu qui s'est donné des ministres, tout comme s'il pouvait y avoir quelque intermédiaire entre l'homme et Dieu. Il n'y a que des méchans, des athées qui aient inventé un pareil dieu, et une religion qui tue la raison, ruine le bon sens, et place l'homme au rang des brutes. Et quel usage ces misérables font-ils de ce dieu qu'ils ont créé à leur image et ressemblance, pour être le masque de leur malice, de ce dieu qui ne doit son existence qu'à l'instabilité de la domination et des richesses? Tenant fortement à lui par aveuglement et par fanatisme, ils lui dressent des autels, aux frais et à la charge de ce peuple abusé : priant, avec un hypocrite délire, et avec des formules, des gestes, des génuflexions, ils ne s'appliquent pas moins à leurs vengeances et à leurs usurpations; et c'est au nom de Dieu qu'ils se volent, se déchirent, se jugent et s'exterminent impitoyablement. Ce n'est pas là le vrai Dieu, l'esprit de vérité qui doit guider les hommes. Le vrai Dieu est un esprit universel, qui est dans l'homme aussi grand que le tout infini; invisible, mais qui se fait connaître par l'esprit, la parole et les œuvres; et visible en se corporifiant avec l'éternité de tous les corps vivans, mouvans et agissant dans un ordre immuable, sans réflexion, parce que ce qui est parfait ne pense plus, ne peut changer, ni songer au changement; il est unique et identifié avec toutes les choses corporelles et incorporelles, visibles et invisibles.

Les hommes ayant perdu de vue le vrai Dieu et ses lois, cessèrent d'être unis et d'accord entr'eux librement, volontairement et par habitude; malheureux dans leurs désordres, ils sont constamment agités par un sentiment pénible qui les excite et les pousse vers ce bien-être inconnu, qui est la possession de ce Dieu qu'ils ont perdu, et qu'ils recherchent vainement dans les temples, dans les églises, dans les mosquées, dans la parole, dans les livres qu'ils croient divins, dans leurs vœux, dans leurs pénitences et dans leurs abstinences; mais, loin d'acquérir ce bien si désiré, ils s'en éloignent davantage, par les préjugés qui les frappent d'aveuglement, par leur esprit perdu dans le vague des intérêts particuliers, par l'inégalité de condition , invincible obstacle à cette union qui peut seule déterminer l'éternité bienheureuse de l'humanité vivante. Tout le monde se plaint des peines et des inquiétudes de la vie, au milieu des biens que la Providence répand avec profusion sur la terre ; et, loin d'en faire une objection contre la sagesse divine, on doit en tirer cet argument démonstratif, qu'il y a une autre vie plus heureuse, plus conforme à la raison et à la vérité ; c'est celle-là que l'esprit, que l'expérience et la raison doivent rechercher. Le fondement de l'erreur où les hommes sont enfoncés en masse est dans leur état civil isolé, dans le mutisme des nations qui, n'ayant pas le pouvoir de parler, sont soumises à la volonté de l'homme privé qui se croit ministre de Dieu, et veut commander en son nom : voilà la source des peines de la vie.

Cependant cette inquiétude qui agite si puissamment et si ridiculement les esprits de toutes les nations, prouve la possibilité de réhabiliter l'espèce humaine dans le bonheur qu'elle a perdu. La multitude est sans pouvoir pour cela ; l'athéisme sous le poids duquel elle gémit s'y oppose ; elle doit attendre un législateur plus sage ou plus heureux que ne le furent Moïse et Jésus, les deux seuls législateurs qui ont paru sur la terre depuis cinq mille ans. Leurs noms seuls se sont conservés, mais leurs institutions, imparfaites sans doute, ont été renversées par l'esprit de ténèbres qui n'a pu s'effacer de l'esprit humain, et qui subsiste dans la multitude de sectes et de religions que les dominateurs ont imposées aux nations. Aussi ces religions, toutes fausses et toutes nulles, ce qui est prouvé par leur diversité même, parce qu'il n'y a qu'un Dieu pour tous les hommes, seront toujours, pour un observateur, le vrai thermomètre du degré de honte ou de déshonneur des nations. Si le peuple est dévot, tranquille, la servitude y est dans son plus grand période ; ce n'est plus qu'un peuple de misérables, de fanatiques et de mendians : s'il est sans dévotion, peu scrupuleux d'en observer les préceptes, l'esprit se réveille, le prêtre crie que la religion se perd, intrigue pour sa restauration par la médiation du pouvoir et de la richesse, et le despotisme n'est pas tranquille : si enfin, ce qui ne s'est jamais vu, le peuple en rejette avec mépris toutes les formules extérieures, alors la raison publique reprend sa toute-puissance, le peuple tend vers la liberté et le bonheur véritable ; d'où l'on doit conclure que tout prince qui favorise le despotisme religieux dans ses états, cherche à avilir et à maltraiter ses sujets. La religion devient ici une substitution à la liberté, et, où il n'y a point de liberté, la religion en tient lieu : c'est une fausse valeur donnée contre la véritable. O que de maux cachés se débrouillent quand on médite sur les effets du despotisme ! les choses les plus respectées par les athées ne sont que des fraudes. J'appelle athées les peuples qui ne peuvent faire usage de leur raison en corps collectif.

L'esprit collectif d'un peuple est l'esprit de Dieu ; les conceptions y sont vives, fortes et saines ; chaque citoyen, plein du bonheur d'être uni avec ses semblables, en jouit au sein de sa famille, qui est l'église véritable, légitime assemblée de ses frères, dont les décisions sont infailllibles et parfaites ; Dieu, qui y est, voit tout, et y préside comme en étant l'esprit unique ; c'est par lui-même et avec lui-même que tous les hommes conviennent de ce qu'ils doivent croire et faire. Ce légitime souverain de l'univers, exerçant sa toute-puissance par lui-même, toutes les imperfections attachées à l'humanité s'évanouissent, plus de despote et de despotisme pour faire et exécuter des lois qui ne sont point des lois ; plus de députés, plus de représentans courtisans et complaisans du pouvoir ; plus de ministres civils et sacerdotaux pour faire rendre raison de la fortune et de la foi ; plus de pécheurs, plus de péchés, plus de fausses lois civiles et religieuses, plus d'infracteurs de ces lois, plus de peines, plus de récompenses, aussi injurieuses à celui qui les donne qu'à celui qui les reçoit. Toutes les sectes diverses sont éteintes ; plus de préjugés, plus de contraste dans les mœurs, les coutumes et les rites ; paix du cœur, heureuse félicité que l'homme ne possèdera que quand il n'obéira qu'à Dieu, c'est-à-dire à lui-même en corps collectif !

Pour parvenir à cet heureux état civil, il faut absolument que l'homme trouve, dans sa science et dans son expérience, un mode d'institution par lequel tout ce qu'un individu peut désirer connaître et posséder, chaque individu puisse le posséder également ; qu'il n'y ait plus de vérité à apprendre, que tous la connaissent ; qu'il n'y ait plus de bien à posséder, que tous les possèdent. Voyez ce soldat qui, parvenu, par sa capacité et son esprit audacieux, au faîte de la toute-puissance et de la possession : a-t-il été un instant heureux ? non, il était seul ; et s'il n'était pas heureux, qui, parmi ses sujets et ses serviteurs, pouvait l'être ? Eh bien ! le sort de l'humanité n'a pas

changé par sa chute, personne n'est vraiment heureux, tous les esprits sont agités, et cette agitation ne
cessera que quand l'on aura organisé le gouvernement démocratique et théocratique sans restriction.

Il est à croire que ce gouvernement a existé dans
la plus haute antiquité, c'était l'âge d'or, mais qu'il a
été dénaturé et brisé par des catastrophes qui sont
tombées dans l'oubli des traditions humaines; et que dès
cette époque, il ne nous est resté que des dominateurs
et des factieux, qui se sont légitimés eux-mêmes les
maîtres des nations, et ont mis toute leur gloire à
maintenir les peuples sous leur dépendance. Dans
ce but, ils ont organisé une hiérarchie pour faire exécuter les lois et les ordonnances qui conviennent à
leurs desseins particuliers. Le despotisme ne peut se
soutenir sans l'appui des courtisans civils et religieux,
qui se qualifient d'ordre légitime ; ces factions dans
l'état n'ont aucun point fixe de justice, et tous ne la
conçoivent que dans l'intérêt qui les concerne. N'est-il
pas facile de remarquer que la religion du prêtre n'est
la religion de personne ? (vain au milieu d'un peuple
muet, il domine tous les esprits, qui n'ont pas le droit
de se plaindre de ses injures et des reproches qu'il leur
fait ;) que la justice du prince n'a d'autre objet que de
maintenir sa domination, profiter de l'anarchie des
intérêts privés, et terrifier l'esprit public, et qu'elle
n'est de fait la justice de personne ? que la puissance
militaire n'est point une force publique nationale,
mais une troupe de mercenaires commandés par une
faction, qui, méprisant la patrie, sont toujours prêts
à la déserter, à la vendre et à la livrer, quand leur
cupidité n'est pas satisfaite ? N'a-t-on pas vu les offi-

ciers des armées mercenaires de Louis XVI quitter leurs régimens pour courir à l'étranger, et s'armer contre leur patrie? et que voulaient-ils? se partager la dépouille du peuple, comme ils avaient l'habitude de le faire, par l'effet des lois de compression et de contrainte qui étaient en vigueur.

Toutes les factions se disent les soutiens du trône à côté du trésor public qu'elles dévorent, et qui se grossit sans cesse par les plus humiliantes exactions. Peut-on dire qu'il y ait une patrie, là, où les hommes sont livrés à leur passion de bien-être privé, sans règle, sans ordre et sans modération? Ce monstrueux pouvoir, avec ses rameaux, agit sur la sensibilité publique, comme l'électricité sur les corps : tous sont frappés à la fois de la même démence, sans que le mal qui en résulte puisse être imputé à personne. Dans cet aveuglement général, les connaissances en gouvernement restent ignorées, le petit nombre d'hommes qui ose réfléchir a, de la patrie, des idées si légères qu'il ne sait point les fixer. J'ai vu et écouté des personnes qui avaient la réputation d'être instruites en droit politique; toutes variaient sur les vrais principes : les unes prétendaient que le gouvernement démocratique ne pouvait exister que chez un peuple pauvre, sur un petit territoire; que les lois devaient y être sévères contre le luxe, contre la séduction des femmes, contre les mœurs; que ce gouvernement comportait quelque chose de dur et d'incompatible avec les agrémens de la vie : d'autres, que toutes les formes de gouvernement étaient indifférentes, pourvu qu'il y eût des lois et des tribunaux de justice pour la répression des crimes et des délits, pour rendre la jus-

tice à chacun, afin d'empêcher les fraudes, le brigandage, les incendies et les assassinats, auxquels les
méchans hommes se livreraient s'ils n'étaient retenus
par aucun frein. En raisonnant ainsi, ils ne réfléchis-
saient pas que des lois semblables, dans l'un et l'autre
cas, montraient le vice de l'institution, comme le vice
de l'institution exigeait de semblables lois. Je vais
vous le démontrer par des principes si étrangers aux
despotes et à leurs satellites, que leurs oreilles, toujours trompées par la flatterie, ne les supporteraient
pas sans frémir.

Je m'explique : Les hommes naissent libres et égaux,
et ils ont sur la terre les mêmes droits; ils naissent,
grandissent et vieillissent avec les passions dont la
nature les a doués pour sentir, pour connaître les
plaisirs de l'existence, et pour en jouir; dans le mouvement et l'action qui émanent de leur volonté, ils
agissent toujours avec l'innocence de leur être, suivant l'impulsion que l'état civil où ils sont leur donne;
et, quoi qu'ils fasseut, ils ne se jugent jamais répréhen-
sibles, jamais coupables, parce que le principe qui
les fait agir tient du sentiment de plaisir et de conservation auquel tous ont droit de se livrer sans limites.
La nature, qui les créa, est parfaite, et toutes les passions qui les agitent procédant d'elle, il résulte nécessairement qu'il n'y a ni vices, ni vertus, ni mérite,
ni démérite parmi les hommes; le libre exercice de
leurs passions, voilà leur unique loi; l'action de leur
puissance, voilà leurs droits. Cette maxime scan-
dalisera sans doute : quoi! dira-t-on, il n'y aurait ni
vices ni vertus? toutes les actions des hommes seraient
indifférentes? Oui, répondrai-je; les guerres, les

incendies, le vol et le pillage, l'ingratitude, l'abus de confiance, la prévarication aux lois despotiques, aux lois religieuses, aux lois de toutes les factions qui se qualifient d'autorité légitime, ne sont rien. Dans l'ordre immuable de la nature, toutes ces atteintes ne sont que l'ouvrage des hommes dans leur état d'insociabilité, qui, voulant tous jouir des plaisirs de l'existence, d'après l'impulsion que leur donne isolément leur existence variée à l'infini, n'ont plus d'autres règles que leur puissance, leur faiblesse ou leur caprice. Où sont les coupables ? raisonnablement, il n'y en a point ; tout ce que l'on peut dire à ce sujet, c'est que les hommes qui ne sont pas unis en corps de société véritablement fondée, ne savent ce qu'ils font ; délaissés à leur liberté individuelle, les mêmes passions qui, en corps de nation, feraient leur bonheur et leur sûreté, tournent à leur honte et à leur misère ; c'est Dieu qui agit par leur médiation même pour détruire tout ce qui est contraire à ses desseins ; ce sont des leçons qu'il donne aux hommes pour les rappeler à l'ordre et à l'harmonie ; il rompt et il brise tout ce qui ne l'imite pas. Paix dans la société, guerre quand elle n'existe pas ; point de milieu, il faut opter.

C'est pour avoir ignoré les vertus de Dieu, et sa toute-puissance, que les hommes qui ont dominé avec quelque célébrité, pendant la révolution, se sont trouvés jetés dans les flots de cet océan de calamités où tout le monde se trouvait submergé, sans pouvoir atteindre le port qui assure le repos. Animés de cet esprit de frivolité qui leur faisait préférer ce qui flatte les yeux et la vanité, ils cherchaient à persuader au public que, bâtir des châteaux, construire des colonnes, élever des statues, solder des armées, faire la guerre, remporter des victoires, étendre la domination, posséder des richesses, en faire parade, était tout ce qui pouvait les rendre heureux. Frivole pensée : que leur est-il resté de cette erreur ? tout ce qu'ils ont créé se trouve oublié ou détruit, eux-mêmes sont dans la douleur ; ils ne rencontrent que des ingrats. S'ils eussent travaillé à rendre les hommes bons et heureux, en fondant l'union parmi eux, leur sort eût été bien différent, parce que les vertus civiles et l'ingratitude sont incompatibles. Ces insensés s'étaient faussement persuadés être eux-mêmes la nation, ou plutôt se croyaient avoir le droit d'agir et de penser pour elle, de stipuler pour elle : actes de violence, erreur du despotisme, qui procédaient déjà d'antiques erreurs auxquelles ils avaient aveuglément succédé. Il paraît qu'à la première injustice, qui brisa tous les liens de la société, qui en effaça de la mémoire tous les principes, deux génies prirent naissance sous les noms de Caïn et d'Abel ; le mauvais génie détruisit le bon, et dès-lors il a conservé sa supériorité sur la terre. Que d'horreurs, que de calamités ont été les suites de la religion de Caïn vainqueur, paré des dépouilles d'Abel vaincu ! Parcourez les histoires des nations : les hommes n'ont pas cessé un instant d'être malheureux ; et, pour entrevoir l'époque de leur bonheur, il faut se transporter en imagination au-delà de toutes les relations antiques qui nous ont été transmises.

Je crois que les anciens Gaulois, nos pères, étaient bien institués, qu'ils étaient libres et heureux ; le motif qui me le fait croire, c'est que nous n'avons d'autre histoire de leurs mœurs, de leurs coutumes et de leur religion, que quelques notices qui ne nous viennent pas d'eux, mais de leurs voisins, leurs conquérans, plus occupés de leurs conquêtes que de la méditation des mœurs et des institutions des peuples qu'ils conquéraient. Infatués de leur vaine gloire, ils ne pouvaient que mépriser des mœurs contraires aux leurs. On voit cependant que Clément d'Alexandrie appelle la religion des Gaulois une religion de philosophes. Pline rapporte que, nonobstant l'éloignement des Persans et des Gaulois, ils avaient des pratiques si semblables qu'on eût dit qu'ils s'étaient communiqué leur religion; cependant leurs mœurs étaient si opposées aux mœurs des Romains, leurs conquérans, que Cicéron dit qu'ils n'avaient ni les habitudes ni les usages des autres hommes; que, tandis que ceux-ci prenaient les armes pour la défense de leur religion, et qu'au fort de la guerre, ils s'adressaient aux dieux pour avoir la paix par leur secours, les Gaulois attaquaient généralement toutes les religions, et faisaient même la guerre aux dieux, en abattant les statues et les temples partout où ils pénétraient les armes à la main. Il n'y a qu'un peuple libre qui soit capable d'un pareil mépris des dieux; dieux et sages euxmêmes, ils ne reconnaissent aucune autre puissance que leur volonté; car il n'y a que des esclaves qui reconnaissent en dehors de leur intelligence des supérieurs humains et divins; l'esclavage étant une erreur de jugement, cette croyance en est la conséquence.

Un autre fondement de mon opinion, et qui prouve, mieux encore que toutes les histoires, la liberté de nos anciens pères et la bonté de leurs institutions, c'est cette allégorie gauloise, représentant un vénérable vieillard avec des yeux vifs et perçans , le front chauve , la tête élevée et majestueuse, le visage hâlé et ridé, suivi d'une multitude de personnes de tout âge et de tout sexe, enchaînées par l'oreille avec des chaînes flottantes si légères que le moindre effort aurait pu les rompre. Ce qui rend cette allégorie intelligible et charmante, c'est que toutes les chaînes allaient aboutir sur la langue du vieillard qui, se tournant vers les prisonniers, les attirait par un doux sourire. Cet emblême ne prouve-t-il pas l'union des Gaulois; que les Gaulois n'étaient point gouvernés par la violence, mais par la parole, la raison et la vérité manifestées publiquement ; que les peuples avaient un grand respect pour les vieillards qui s'étaient attiré, par leur expérience et leurs travaux, la confiance et la reconnaissance des peuples ? De cette manière ils n'avaient d'autres législateurs que l'esprit universel, Dieu, ou le peuple assemblé.

Une autre remarque non moins importante sur les religions qui ont subsisté anciennement, qui subsistent encore aujourd'hui, et qui tour à tour se sont éteintes et se sont renouvelées, c'est qu'elles semblent toutes partir d'une même source et d'une existence civile ignorée dès la plus haute antiquité : les variations ou différences qu'elles admettent ou rejettent dans leurs formules sont l'effet des haines réciproques des factions, ou des divisions dans les nations et entre les nations; ce qui prouve que toutes ces religions ne sont que des débris d'une religion primitivement universelle pour toute la terre, et que des siècles de malheurs et de misères ont fait oublier. La seule preuve qui nous reste aujourd'hui de cette heureuse existence ne se retrouve que dans la bonté du cœur humain, considéré dans l'état social naturel et véritable, entièrement dépouillé des erreurs de l'état civil où il vit.

Par quel accident cette primitive religion, qui fondait l'ordre et l'harmonie, ce primitif bonheur furent-ils renversés? nous n'avons que notre intelligence pour guide : elle nous induit à croire qu'il y eut de mauvais génies qui parurent dans les nations, des géans qui voulurent escalader le ciel, des fous, enfin, qui ont suscité des guerres éternisées pendant des générations entières. Alors mœurs, coutumes, religions, langage, tout fut anéanti; car la guerre ne respecte pas la justice : elle est inhumaine et barbare, elle n'écoute point les douces paroles, et la raison l'irrite; elle ne se plaît et ne met sa gloire qu'en des bains de sang, aux gémissemens et à la douleur. Que devinrent alors les peuples consternés dans le silence et la terreur? ils devinrent esclaves de ces violens dominateurs. Voilà la cause qui a dénaturé tous les principes de cette première organisation, de laquelle il ne nous reste nul vestige.

Cependant, en méditant les anciennes mythologies des diverses nations de la terre, qui se sont renouées de l'ancien état de chose, les macules de leur ancienne crédulité, qui ont subsisté long-temps sans communication de l'une à l'autre, par l'effet de cette dissolution survenue par les guerres, n'offrant plus à notre intelligence que des fables ridicules sans ordre et sans liaisons, que nous ne pouvons point comprendre ni concilier, ayant successivement, et selon les caprices particuliers des nations, été dénaturées par

des corrections et des interprétations, selon les intérêts des factions, ayant souvent soulevé des guerres
et des divisions dans les nations et n'en reconnaissant
plus les titres autographes; on est encore étonné d'y
retrouver des rapports de conformité et de ressemblance, si frappans qu'ils fortifient l'opinion que je
viens d'avancer. Les fictions qu'elles renferment an-
noncent du génie, elles peignent l'homme et son état
malheureux, elles prédisent toutes, comme les peuples malheureux peuvent encore le prédire aujour-
d'hui, des bouleversemens, des destructions, des ravages, et l'anéantissement des dieux, des hommes et
de toute la nature, pour être régénérée, et reparaître
toute nouvelle, brillante et heureuse. Enfin, pour arriver à ce premier bonheur éclipsé et perdu, elles nous
promettent, les unes, un Messie que la religion juive
attend encore, que la religion chrétienne dit avoir
paru, comme la religion de Mahomet a eu son pro-
phète envoyé de Dieu; d'autres donnent des espérances
frivoles pour le mériter et retrouver par le sacrifice
de son sang, de sa fortune et de sa vie; enfin d'autres veulent que l'on renonce à son intelligence et à
sa raison pour ne se fier plus qu'aux paroles des dominateurs. Quelles folies!

Serait-ce une folie aujourd'hui, au milieu de l'a-
théisme prêché et proclamé par les maîtres du monde,
que de rechercher quelle était cette primitive religion,
cette première organisation civile, par laquelle les
hommes étaient libres et heureux? Hommes méchans,
hommes isolés, dissimulés, ignorans ou fanatiques, la
vérité sera toujours obscure pour vous; les bonnes
pensées et les actions vertueuses ne sont jamais les

vôtres, quoiqu'elles soient cachées et senties dans le fond de votre conscience; vous les y laissez en réserve à cause de vos intérêts personnels, parce qu'elles sont considérées par vos dominateurs comme causes de troubles et de désordres, et qu'ils ne sont point outragés de la misère et de l'esclavage de vos frères. Vous applaudiriez même à la condamnation de l'homme juste, parce que tous ensemble, maîtres et esclaves, vous n'aimez que le repos que procure la malice. Voilà les raisons pour lesquelles vous vous ririez de l'homme qui s'occuperait de cette recherche.

Cependant cette découverte est facile à faire, elle ne tient qu'à l'application du véritable sens du mot religion, mot qui jusqu'ici n'a point encore été expliqué, et qui exprime une organisation spirituelle, unie au corps politique comme l'esprit et la raison sont unis au corps de l'homme. C'est la théocratie qui constitue la démocratie; ou cette religion universelle dont on veut nous aveugler sous l'empire du despotisme, auquel elle ne saurait s'allier. Point de religion véritable sans démocratie, et, sans théocratie, point de démocratie. Voilà la véritable religion universelle, la seule divine, convenable à l'humanité. Que la démocratie soit organisée, la vraie religion est organisée par le fait; alors le peuple est fait grand, et lui seul doit l'être, parce qu'il est tout : démocrate, l'homme est gouverné par l'esprit; théocrate, c'est l'esprit de tous les hommes qui gouverne. Voilà tout le mystère d'un gouvernement légitime.

Les papes, qui ont embrassé ce beau système de religion universelle, ont plus consulté la terre que le ciel: ils ont adopté les erreurs qu'ils ont retrouvées dans les ruines de la république romaine, sur lesquelles ils se sont placés, et dont l'élévation et la chute procédaient de ses désordres et de ses fureurs. Mais leurs prétentions, leur vaste système ne pouvaient s'accomplir avec le despotisme, avec les dogmes religieux et la hiérarchie de prêtres, d'évêques et de cardinaux qu'ils ont organisés, à l'imitation des autres états despotiques, où ils avaient pénétré par leurs intrigues, et où ils avaient fondé leur autorité par leur politique. Cependant, s'ils eussent été animés de l'esprit de sagesse, s'ils eussent compris que la liberté et la religion des peuples n'étaient qu'une seule et même chose, ils auraient pu parvenir à fonder le bonheur du genre humain, en établissant des communautés religieuses d'hommes de tout âge et de tout sexe, sous une police simple et lumineuse et sur ce qui constitue les devoirs mutuels que tous sont obligés naturellement de remplir. Cette institution, avec le temps, se serait aisément répandue par toute la terre, sans force et sans violence. Ils auraient enfin rétabli l'âge d'or, en montrant aux hommes un nouveau ciel et une nouvelle terre, où tous, en naissant, auraient appris à connaître ensemble le vrai Dieu et ses douces lois, source du bonheur et de la félicité universelle.

O Rome! nation illustre, qui dûtes à la sagesse de vos lois et de vos maximes la réunion de toutes les nations des trois parties du monde alors connues; qui subsistâtes pendant plusieurs siècles sous les mêmes lois, les mêmes mœurs et le même langage; qui aviez une communication paisible dans toutes les parties de votre vaste empire par la médiation des mers, couvertes de vos seuls vaisseaux, sans concurrens. O Rome! avec tant de supériorité sur le reste du monde, pourquoi tombâtes-vous? ce fut par un péché originel de votre institution. Vous consacrâtes l'inégalité de condition et la propriété privée; c'est par cette fatale imprévoyance que votre ouvrage s'est détruit, que se sont anéantis tous les fruits de votre sage politique. A la chute des Tarquins, à l'époque de l'abolition de votre monarchie, vous ne prévîtes pas les malheurs qui seraient réservés à tous les citoyens du monde par les perpétuelles divisions qui ont éclaté dans votre sein entre les grands propriétaires et les misérables, entre les patriciens et les plébéiens. A la fin parurent Marius et Sylla, chefs à-la-fois de l'un et de l'autre partis; à eux succédèrent César et Pompée; et bientôt César, homme ambitieux et populaire, établit à votre insu, et dans votre aveuglement, la monarchie despotique qui brisa tous les liens de votre association civile.

Les événemens précipités de France, qui ont eu lieu seulement pendant un quart de siècle, représentent exactement tout ce qui s'est passé depuis l'expulsion des Tarquins, jusqu'à la dissolution de l'empire romain par les mêmes barbares du nord. Cette seconde épreuve resterait-elle sans fruit? Non; elle doit réveiller l'attention des hommes sages, des amis de l'humanité; elle doit faire connaître quelle est la source des grandes calamités qui affligent et déshonorent les nations, faire comprendre que le gouvernement démocratique rejeté, étouffé et calomnié par le pouvoir absolu et ses partisans, est le véritable gouvernement légitime; que, hors la démocratie, il n'y a plus de vérités connues, rien où s'appuyer pour la sûreté et le bonheur du monde.

Ce gouvernement est de nature à exister dans tous les climats, et dans toutes les contrées où les hommes peuvent communiquer. Ce gouvernement porte en lui - même la vraie religion universelle : que par elle toutes les fausses religions disparaissent ; que par elle les hommes cessent d'être troublés , tourmentés et agités au moral et au physique ; que par elle tous les plaisirs des sens soient réglés par l'esprit public organisé , et puissent s'étendre et s'agrandir au plus haut degré possible de la plus pure félicité ; que par elle , enfin , personne ne puisse rompre l'égalité , et faire prévaloir des opinions privées contraires au bien de tous. Ce gouvernement mis en· vigueur, n'importe en quelle partie du globe et chez quelle nation , mais assez puissant pour résister , dès le commencement de son établissement , à la jalousie et à la puissance des despotes ses voisins , naturellement jaloux et ennemis de tout ce qui est bien , faute de le concevoir , prendrait avec le temps , et pied à pied , une extension qui embrasserait l'univers ; car, là , où s'établira une vraie démocratie , là , commencera le fondement du gouvernement universel , qui seul réaliserait enfin cette antique chimère des papes, qui s'intitulent encore aujourd'hui très-plaisamment chef et centre de l'église universelle , du gouvernement spirituel de l'univers. Cette idée de puissance et de gouvernement unique et universel est plus naturelle que l'on ne le croit communément; elle entre fort aisément dans la tête des despotes un moment heureux , un moment puissans par la prépondérance de

leurs armes ou de leurs intrigues. On pourrait citer
bon nombre de conquérans qui ont eu cette pensée ;
mais ils ont tous échoué , parce que cette grande
opération ne peut réussir avec le despotisme , la
violence et le mensonge ; elle ne peut se fonder et
se maintenir que par la vérité, la persuasion et l'intelligence des esprits sur tout ce qui peut assurer la
concorde , le bonheur et la paix. Les conquêtes ,
pour être solides, ne doivent avoir d'autre but que
de délivrer les peuples de la servitude et de fonder la
vraie liberté : et je suis persuadé que si un conqué-
rant marchait dans ce dessein avec une armée , tous
les peuples l'accueilleraient à bras ouverts , au lieu de
le combattre.

Dans le calme actuel, dans l'état d'humiliation où
sont les nations par l'effet d'une guerre sans cause ,
si on en excepte l'erreur et la folie des princes, je n'a-
perçois point l'espérance de voir naître en Europe
l'aurore d'un pareil gouvernement. Tous les rois ,
ligués pour se soutenir contre l'opinion respective
de leur peuple, ne sont occupés, dans leurs téné-
breuses intelligences , que de leur faste et du maintien
de leur pouvoir ; ne sont occupés, au milieu des désordres et des malversations publics , qu'à river les fers des
peuples , en masquant leur despotisme sous l'apparence
de charte octroyée , de constitution représentative ,
système moderne vanté par tous les écrivains adu-
lateurs , par tous les hommes d'état qui n'ont pas saisi
le point de vérité que j'explique, et pour lequel les
peuples malheureux prennent fort peu d'intérêt, parce
que tout ce qui se fait sous l'empire de ces nouvelles
institutions est à contre-sens de l'opinion publique et

d'un ordre légitime. On ne s'occupe, dans le centre de ces nouveaux pouvoirs, qu'à restaurer un clergé inutile, perturbateur, espion, et partisan de la domination (corps respecté en vertu de la loi qui l'exige, mais intérieurement méprisé par les peuples); qu'à solder à grands frais des tribunaux, vrais instrumens chargés d'appliquer des lois étrangères à l'intérêt public; qu'à faire choix de magistrats serviles, dominés par l'intérêt personnel; qu'à enrichir et placer des dévoués dans une multitude de fonctions inutiles, richement salariées, et avec cette déprédation des deniers publics, que cet ordre compliqué exige, ne cesser de parler d'économie tout en aggravant les charges : ironie d'autant plus amère que l'on s'aperçoit qu'au lieu d'honorer les philosophes, les savans, on les humilie; qu'au lieu d'abaisser les ignorans, les âmes bassés et viles, on les élève; que l'on accorde à profusion des gratifications et des emplois à quiconque vend, livre ou trahit sa patrie, à quiconque invente des moyens d'exactions plus aggravans encore que ceux mis en pratique. Il faut ranger le peuple : telle est la maxime adoptée; il faut le tromper et l'avilir pour le dominer. Ames sensibles, consolez-vous : ils croient bien faire et ils se trompent; ils se croient vos maîtres, ils ne parviendront jamais à l'être; ils font répandre le sang innocent, et ils oublient que le sang versé injustement ne dort jamais, que tous les maux qu'ils accumulent sur vous, ils les accumulent sur eux-mêmes; ils manquent de jugement et ne voient pas qu'il y a une justice providentielle qui est toujours en activité, quoiqu'elle soit lente: ils ne sauraient en éviter le coup. Je la vois apparaître, cette justice; il me semble déjà apercevoir le siége de la monarchie universelle en Amérique, au centre du Nouveau-Monde; et de-là, partir une puissance et une force progressives qui doivent renverser toutes les tyrannies et les injustices de l'ancien. L'expérience acquise par ses malheurs servira sans doute de leçon au nouveau. Le mouvement est donné: le foyer de cette puissance-là sera inattaquable à l'envie, à la fourberie et à la corruption; elle pourra avec aisance, avec facilité, produire et répandre ses forces et sa morale nouvelle par toute la terre, régler le sort et la destinée de l'univers. Cet événement arrivera, telle est ma prophétie, si l'on sait organiser une vraie démocratie.

Ce que je dis est plutôt un vœu qu'une prophétie; c'est la majesté du gouvernement démocratique, sa beauté, sa douce influence sur les mœurs et sur l'harmonie qu'elle fonde, qui m'inspirent cette pensée grande et raisonnable: gouvernement invariable, parce qu'il est le seul juste; immuable, parce qu'il se soutient naturellement et sans effort par le génie de tous les génies, par l'esprit de tous les esprits; universel, parce que l'espèce humaine est la même partout, que les hommes sont partout frères, tous intéressés au bien être de leur existence. La force, la durée et la solidité de tant de biens ne peuvent émaner que des lumières de la raison collective, son sanctuaire est la patrie, son temple l'univers; la démocratie embrasse tout, sans limite de territoire.

A. — Votre imagination s'est exaltée sur des opinions que le public et les autorités du régime actuel sont bien éloignés de posséder: ceux qui gouvernent

despotiquement croient leurs sujets sots et méchans ,
et pensent que la seule manière de les gouverner est de
les humilier et de froisser leurs âmes pour les rendre
souples et dociles à leurs volontés. Croire à la perfection ! Votre système est vraiment fait pour les
étonner ; et, si cette croyance n'est pas dans leur
cœur, c'est parce que le mal, l'imparfait qui subsiste, chasse et détruit toute réflexion sur le bien que
l'on ne conçoit pas : nourri et abreuvé du poison
de l'erreur et de l'injustice, l'homme ne peut plus
être guidé que par les tristes et viles passions qui
le subjuguent ; entraîné dans un tourbillon de misère par la force de cette grave maladie du corps
politique, il est incapable d'agir pour sa guérison ;
il lui faut un sauveur , un messie qui n'a pas encore paru. Bonaparte eût pu l'être, s'il eût été pénétré des vérités que vous avez développées; mais
son génie aveugle a préféré le despotisme à la liberté,
l'épée à l'olivier de la paix, sa gloire à sa patrie. Ah !
si son génie eût été éclairé et animé d'une véritable
sagesse , il eût été respecté des nations de l'Europe
et admiré de tous les peuples de la terre! mais il
n'avait pas, au milieu de sa puissance et de sa gloire ,
la tête saine; et ses folies ont été grandes.

Les imperfections de l'humanité ne sont que les
imperfections des institutions ; et les imperfections
des institutions et des lois qui la régissent n'altèrent
point sa bonté naturelle, dépendante de volontés
qui lui sont étrangères. Les hommes ne peuvent régler leur conduite que d'après les impressions qu'ils
reçoivent, suggérées par le caprice des maîtres, qui
n'ont point d'autres guides que des intérêts privés.

variant à chaque minute: d'où il résulte que le bien,
le parfait qu'ils désirent sans en connaître le principe,
n'est attaché qu'à l'uniformité des passions, qu'à une
seule et unique pensée nationale, à une seule et unique règle, à une seule et unique manière d'exister;
que le mal, l'imparfait dérive de la dissemblance des
passions, de l'inégalité des intelligences, et de l'existence inégale et variée de tous, dans un état où les
productions de l'esprit et du génie sont de nature bien
différente. L'esprit de société éclaire, attire, attache
et agglomère tous les esprits; l'esprit qui naît de la
dissolution de société délie, divise et établit tout en
confusion et en contre-sens: l'harmonie, la paix et
l'accord sont là; la dissolution, le trouble et la guerre
sont ici; c'est ce point important que vous avez parfaitement éclairci.

Je ne vous dissimule pas que vous avez purgé
les erreurs de mon esprit, levé le bandeau qui cou-
vrait mon jugement sur les effets que devait produire
la révolution française. Par elle, j'espérais à la liberté
de ma patrie, mais je méconnaissais vos principes pour
fonder mon espérance. Maintenant, rempli de vos
douces maximes, je conçois que la liberté et le non-
exercice de ses droits sont impossibles, que la liberté
et l'indépendance des volontés privées sont une contradiction; que la liberté sous le fardeau d'un gouvernement qui ne se soutient, et qui n'est puissant que
par des exactions publiques, n'est qu'une ironie; que
la liberté et la religion chrétienne, qui n'est plus la
véritable religion, qui n'est plus cette religion universelle qui détermine l'association, cette puissance spirituelle, cette puissance suprême qui dirige au nom du

peuple entier, s'excluent formellement. La gravité du sujet qui a fait la matière de notre entretien, mérite toute l'attention des hommes qui désirent et veulent le bonheur de l'humanité. Les principes que vous avez développés, sont si importans, que vous ne devez pas laisser dans l'oubli les sublimes pensées que vous ont suggérées les troubles de la révolution, pensées d'autant plus admirables, qu'elles lient en un seul système la religion, la morale et la politique, sciences si peu sciences, étant séparées, que l'on a écrit sur ces matières pendant plusieurs milliers d'années, sans en devenir plus éclairé ni meilleur. Atteignant tous les préjugés, vous rappelez l'homme à son état naturel, à sa raison, à sa première innocence, pour ne reconnaître désormais que les vertus qui doivent le guider dans ses actions; plus de raison privée qui trompe l'esprit humain, mais une raison publique qui ne peut plus l'égarer; plus de raison empruntée des livres où le vrai est taché, mélangé et confondu dans les erreurs et les préjugés, sous l'empire desquels ils ont été écrits; mais une raison tirée des événemens de chaque jour et des besoins sentis dans tout le cours de la vie, seule véritable école des sciences, des véritables sciences qui ne se contrarient point et qui ne s'oublient jamais, parce qu'elles se maintiennent et se perfectionnent par la pratique et par l'expérience acquises de tout ce qui se fait, et s'accomplit journellement. Il est donc à propos que vous réduisiez votre système en un code simple, pour être mieux compris de la généralité des hommes, et leur en faire apercevoir la facile application, sans blesser les préjugés et les foiblesses d'esprit de la multitude. Un despote, un bon prince pouvant en être frappé, peut concevoir l'honorable projet de la mettre en pratique; je conçois aussi, comme vous, qu'il n'y a qu'un homme revêtu de la toute-puissance qui puisse sans trouble entreprendre cette œuvre sainte.

B.—Votre observation est fort juste, mais il y a tout lieu de croire que ce code ne sera jamais qu'un rêve qui s'effacera bientôt de la mémoire. Considérez qu'une nation sous le pouvoir despotique n'est plus qu'un corps possédé d'un démon muet, sourd, insensible et aveugle; que le despotisme est un Craken, un Polipa, un monstre, qui trompe l'esprit et séduit les humains par la circulation fictive des richesses, pour dévorer celles-ci et éblouir ceux-là sur la vérité qui doit les diriger en vraie société. Vous le savez: un penseur fait un bon livre; on le lit, et le lecteur, charmé des principes et des vérités qui y sont exposés, repose le livre dans sa bibliothèque, et oublie tout: un orateur fait un discours pour développer une question importante, tous les auditeurs sont dans l'admiration; sortis de l'auditoire, on en cause un moment, et bientôt on n'y pense plus: c'est bien-là, la foi sans les œuvres. La vérité a des ennemis armés d'une puissance qui leur a été dévolue par des préjugés, et ces ennemis se soulèvent contre elle avec rage, de manière que rien ne se fait, rien ne se change, rien ne se réforme, bien que chacun au fond de son cœur n'aspire qu'à toute autre chose qu'à ce qui se pratique. Ici, le despotisme, uni au cadavre national, ne veut pas qu'on le touche, ne veut pas qu'on le dérange, et il en coûteroit peut-être les biens et la vie même à celui qui oserait disposer les hommes à secouer les chaînes de la servitude, à chasser

ce démon muet qui empêche l'homme d'agir, de penser et de parler pour le bonheur du genre humain.

Cependant l'homme libre n'est pas l'ennemi de
l'homme, et les nations ne brillent que par la liberté :
c'est ce que les princes ne veulent pas comprendre ; ils
se soulèvent au contraire contre la liberté, et se soutiennent entr'eux pour l'asservir.

Ils savent, par une intelligence qu'inspire le démon que, si une nation était libre, bientôt toutes les
nations seraient libres ; aussi les despotes modernes,
pour comprimer les désirs de la liberté, ont formé
une sainte alliance que les peuples savent bien juger ; mais il leur est impossible de mettre leurs jugemens à exécution ; désunis, leur sort est de supporter douloureusement tout ce qui émane d'un semblable pouvoir, jusqu'à ce qu'un messie advienne.

Cependant, dans un siècle antique, et sous une
semblable existence civile, la religion chrétienne fut
remarquée. Jésus voulait la liberté et le bonheur du
genre humain, et ne former de tous les hommes
qu'un peuple de frères : idée sublime ! mais les despotes ont continué de régner, et ils ont tronqué sa
doctrine ; et sa loi nouvelle, enseignée par de faux
ministres de son culte, est devenue incompréhensible ;
en vérité, n'est-elle pas vide de sens aujourd'hui, car
l'éducation que le peuple en reçoit, ne peut former
que des hypocrites, des fourbes et des imbéciles, état
politique très convenable à la solidité de la puissance
absolue. Aussi la religion chrétienne actuelle et la religion fondée par Jésus sont en opposition formelle.
L'exposition de celle de Jésus va vous montrer cette
contradiction. D'abord, Pierre appelé, je ne sais trop

pourquoi, le prince des apôtres, fonda, d'après ses principes, la première église chrétienne à Jérusalem; cette église n'était qu'une famille de frères, vivant en commun, travaillant en commun, ne possédant rien isolément, parce que la règle était d'abandonner son bien à l'église, pour y être admis, pour être du nombre des frères.

D'autres églises se fondèrent par enthousiasme de cette nouveauté qui promettoit tant de repos et de contentement en Asie, en Afrique et en Europe, où les fidèles rassemblés faisaient des repas communs; plusieurs étaient secrètes dans leur origine.

Chaque église avait son organisation pour y maintenir l'ordre et l'esprit d'union et de paix: les anciens ou prêtres y présidaient; sous eux, étaient les évêques surveillant et distribuant les vivres, et d'autres offices en sous-ordre pour le service public qui y maintenait une admirable police, telle qu'elle est encore honorée par nos faux prêtres du jour. Dans ces assemblées, on ne chicanait personne sur sa croyance, on ne disputait point sur des questions oiseuses, difficiles et insolubles à l'intelligence humaine. Croire en Dieu, ou n'y pas croire, était chose fort indifférente, selon saint Justin, qui disait qu'il suffisait d'être vertueux pour être vrai chrétien. Aussi il n'y avait alors ni schismes, ni hérésies; les troubles, les schismes et les hérésies ne se manifestèrent ouvertement que dans les conciles tenus en présence des empereurs païens, devenus chrétiens; et quand les prêtres et les évêques eurent été corrompus par les priviléges et les richesses, l'esprit d'orgueil fit bientôt naître des schismes et des hérésies, par esprit de domination.

Ce fut un grand malheur pour les églises chré-
tiennes quand les empereurs païens devinrent chrétiens : l'institution que Jésus-Christ avait fondée, fut
entièrement dissoute. Aussi, à cette époque, les églises
tombèrent dans l'anarchie, et se divisèrent en une multitude de sectes. Ce fut en vain que l'on assembla des
conciles, pour les réunir toutes et fonder une commune doctrine, les affaires de la religion n'en allèrent
pas mieux, parce que, dans la chaleur et l'aveuglement des différentes sectes, personne ne concevait que
la religion de Jésus et le despotisme étaient inaliénables. Aussi la première église, la plus pure, celle qui
fut fondée par Pierre à Jérusalem, fut déclarée hérétique, sous le nom de gnostique ou philosophe, et elle
fut exterminée, afin que rien ne subsistât de la liberté
civile fondée par Jésus.

Les empereurs païens ne se firent chrétiens que
parce qu'ils s'aperçurent que, par l'institution de
Jésus-Christ et par l'enthousiasme des peuples pour
l'adopter, leur despotisme et leurs pouvoirs devaient
s'ébranler et s'éteindre ; et, après avoir inutilement
employé tous les moyens les plus féroces et les plus
barbares pour exterminer cette secte naissante, sans
pouvoir en venir à bout, ils jugèrent qu'il était plus
sûr pour eux d'épouser le parti de la secte, et ils se
convertirent. Ils se conduisirent par les mêmes motifs
que se conduisent aujourd'hui la plupart des despotes de l'Europe, qui consentent d'accorder à leurs
peuples agités les institutions qu'ils réclament ; mais
dont l'intention secrète est de ne point s'y conformer,
car il y a toujours des restrictions que l'on y introduit
pour altérer à volonté les vérités reconnues.

Quand on est né, élevé et habitué au pouvoir absolu, on ne peut plus l'abandonner : l'intelligence des despotes ne va pas jusque-là ; et quand ils le voudraient, comment s'y prendraient-ils? Le cercle vicieux de courtisans, de flatteurs qui les entourent, les en détournerait, les contrarierait, les détrônerait, parce qu'un despote n'est qu'un homme qui est à leur disposition ; son nom est le mot magique qui couvre les actes de leur malice ; ce sont eux qui sont les tyrans de la patrie, car, si on les appelle dans des conseils privés, à coup sûr, leur avis est contraire à la sagesse et à la raison publique. Quand les peuples sont esclaves, les princes le sont aussi; le sultan de Constantinople est-il libre? Sa vie est aussi exposée que celle de ses esclaves. Cela doit être ainsi, quand c'est l'intrigue et la volonté de l'homme qui sont substituées à la volonté de Dieu.

Revenir à la doctrine de Jésus, c'est renverser le culte de l'idole du jour, c'est rétablir le gouvernement démocratique, que les méchans ont rejeté. Que les sages qui ont vu la révolution et ses misères, qui ont réfléchi, qui ont acquis une honorable expérience, et qui sont les véritables ministres de Dieu sur la terre, les véritables prêtres, comme le sont tous les hommes sensibles et justes, se rallient et unissent leurs esprits à l'esprit de leurs frères ; qu'ils s'unissent par la sagesse de leurs paroles et de leurs œuvres, et s'associent dans leurs peines et dans leurs plaisirs, afin que l'esprit d'intelligence et de perfection s'agrandisse, pour devenir une puissance qui fasse comprendre à tous les hommes que les biens et les richesses privés sont un grand scandale parmi eux, que tous doivent participer également à ces biens qui ont besoin d'être aménagés par tous, pour que tous en jouissent également. Tous les cœurs aimans sont institués prêtres par J. C.: vouloir son institution, c'est être lui-même; vouloir anéantir tous les préjugés, rites, coutumes et cérémonies qui se sont introduits dans un culte qui s'exerce sous son nom, et qui n'est pas le sien, c'est agir d'après son esprit: plus de menées, plus de prières, plus de cérémonies, plus de devoirs ridicules, qui n'ont d'autre utilité que d'entretenir l'ignorance et la superstition dans le peuple, si doux, si bon et si crédule; et qu'à la place de tous ces simulacres, il soit établi un ordre nouveau qui ranime et mette en activité et le corps et l'esprit; car le *Pater*, l'*Ave-Maria*, le *Credo*, le *Confitcor*, et les *Oraisons jaculatoires* sont fort insignifiantes en démocratie; ce sont des démonstrations et des paroles inutiles, vaines et vagues, sans avantage réel pour le bien public.

Le despotisme ne s'arrête pas seulement à dominer les hommes et à disposer de leurs personnes et de leurs richesses; il s'empare aussi de leur intelligence et de leurs pensées. Le monarque sacerdotal, le pape s'est institué le supérieur de l'esprit des hommes, pour en diriger l'exercice. Sur ce point, il s'est déclaré infaillible, et son infaillibilité est proclamée par ses armées distribuées dans les nations qui lui sont soumises, et où il cherche à pénétrer; dressées aux manœuvres qu'il a inventées, ces armées se divisent et se distribuent partout, préchant et répandant leurs erreurs pour des vérités prouvées. Ces soldats du pape croient avoir des supérieurs à qui ils doivent obéir sans réflexion, sans examen : stupide maître!

stupides valets! stupide peuple! O la plus stupide des existences, d'ignorer que le véritable esprit de J. C. ne peut avoir de maître ; que l'on ne peut enseigner le contraire de ce qu'il a établi : égalité et bienveil-veillance étaient sa loi ; car il a dit : Ne dites à personne qu'il est votre maître ; vous êtes tous frères : à personne, qu'il est votre père ; vous n'en avez qu'un qui est dans le ciel, dans la vie éternelle de tout ce qui est.

Séparer Dieu de l'homme, en faire un être supérieur qui le met sous sa dépendance, et investir un homme du droit d'ordonner en son nom, ce n'est point proclamer une vérité, c'est mentir ; et un mensonge semblable jette l'esprit humain dans des erreurs qui lui sont funestes, sa raison en est altérée, il ne se connaît plus, il ne se respecte plus, il va se mettre à genoux devant son semblable qu'il croit son maître. Celui qui a ainsi persuadé le public de sa supériorité et de son pouvoir s'est séparé de ses frères, qui sont ses égaux, il a brisé le lien d'union parmi les hommes. Faire de Dieu un esprit isolé dans un seul homme qui crée et fait des lois au-dessus des lois des hommes, pour assurer la supériorité de son pouvoir, c'est jeter de la confusion dans les esprits, c'est les tromper, c'est les exciter à toute sorte d'erreurs, d'extravagances et de crimes ; c'est l'athéisme pur : alors, dire qu'il n'y a point de Dieu, c'est presque avoir raison, puisque le vrai esprit de Dieu n'est pas dans les ténèbres, il est dans la lumière et la vérité.

Une maxime introduite par cette puissance, comme base de son autorité, est de prétendre que quiconque se sépare de l'obéissance des commandemens du chef de l'église catholique, apostolique et romaine, est hérétique, athée, déiste ; que, penser autrement est une erreur qui procède de l'esprit individuel de l'homme qui veut faire usage de sa raison, en examinant toutes les contradictions qu'il éprouve dans l'exercice de sa volonté. Ce langage du maître des esprits ne convient qu'à des fanatiques ; mais si on fait la plus légère réflexion, on reconnaît qu'il s'est fort mal-à-propos appliqué cette doctrine pour le soutien de ses prétentions , et voici comment : l'église véritable est l'assemblée des fidèles, des frères, et à cette assemblée appartiennent toutes les décisions , cela est incontestable ; c'est justement le gouvernement théocratique et démocratique, le seul légitime et juste ; mais jamais il n'y a eu parmi les hommes une église semblable, si ce n'est la primitive église qui a été abolie. On ne peut donc, sans commettre la plus grave erreur, reconnaître comme loi de l'église, ce qui a été décidé, non jamais décidé par la véritable église, mais par une fausse église usurpatrice. Dira-t-on que les conciles composés du pape, des évêques, des ambassadeurs, des princes chrétiens, enfin de toute la hiérarchie secerdotale étaient l'église assemblée ? leurs lois ou canons ne pouvaient pas plus être valables, que celles faites aujourd'hui par des députés ou représentans. L'esprit divin, véritable souveraineté des humains ne se représente pas, il est partout, il embrasse tout ; et s'il est représenté, ce n'est plus l'église légitime, c'est une usurpation, c'est un faux pouvoir, qui n'a jamais pu légitimement obliger ni lier personne ; et, sans église légitime, les hommes sont, comme vous les voyez, privés de l'usage de l'esprit qu'ils tiennent de la vie ; tandis qu'à eux seuls appartient le

8..

droit de se régler comme ils le jugent convenable. C'est Dieu qui les inspire et les guide, puisque Dieu existe également dans le cœur de tous les hommes, qu'ils soient unis en corps de nation, ou en dissolution sous le pouvoir absolu : unis, ils sont tout un par action et par esprit; divisés, ils sont tous en contradiction, en effervescence et en trouble ou guerre civile. Dépendants d'un pouvoir humain, ils sont esclaves; comprimés par la crainte, ils sont athées et sans Dieu ; parce qu'alors toutes les vérités qui plaisent aux hommes, sont voilées, ternies, et cessent d'avoir ce brillant, cet éclat qui flatte si bien le cœur et l'âme. On comprend, sans pouvoir s'en rendre compte, que, quand ceux qui abusent des esprits en usurpant la puissance, comme on vient de le dire, dictent, en vertu de cette puissance, des devoirs et des obligations fondées sur les maximes de morale tirées des évangiles et des philosophes anciens et modernes, elles paraissent inapplicables à la situation politique des peuples ; c'est un contre-sens qui choque, surtout si l'on fait attention à l'arrogance orgueilleuse et triomphante avec laquelle ces usurpateurs s'emparent de l'opinion des individus isolés et sans pensées sur ces doctrines, au soin qu'ils apportent au succès de leur influente domination par les calomnies contre les sages personnes dont l'intelligence et l'esprit ont cherché à dessiller les yeux des peuples. On est étonné de tant de hardiesse, de tant d'injustice, et surtout de cette jalousie qu'ils portent contre la plus saine partie des nations, les philosophes, les hommes les plus inoffensifs. Ces manœuvres orgueilleux du despotisme ne cesseront entièrement, que quand la vraie religion de Jésus-Christ sera rétablie, et que les philosophes seront les prêtres de cette religion, comme ils l'étaient dans son origine.

Ils opposeront que les philosophes ne sont pas d'accord entr'eux; mais cela est très-naturel dans l'état de désordre où sont les esprits : ils ne sont ni muets ni soldés pour cela; et leurs calomniateurs, malgré leur salaire, ne sont pas d'accord eux-mêmes, ce qui prouve clairement que leur mission n'est pas divine, et que le culte public qui s'exerce sous leur direction est une institution humaine faillible, puisque le pouvoir absolu peut à chaque instant le changer ou l'anéantir en cessant de payer les subsides qui nourrissent et entretiennent les desservans de ce culte. D'où il suit que le culte catholique actuel, déclaré religion de l'état (1), est bien au-dessous de la philosophie, que nulle puissance humaine ne peut éteindre, puisque les philosophes sont au-dessus de l'humanité, et n'ont pas besoin d'être protégés comme les prêtres. Mais, comme aucune institution divine ne peut exister ni s'exercer si l'institution ne correspond à sa divinité, parce qu'il ne peut y avoir que des esprits angéliques qui puissent la pratiquer, que des hommes vertueux et sans vices, enfin des hommes tels que le gouvernement démocratique seul est capable d'en former; tant qu'un pareil gouvernement n'existera pas, les prêtres, soutenus et favorisés, domineront tous les hommes, excepté les philosophes, qui continueront d'être calomniés, parce que leurs articles de foi ne sont fondés que sur ce qui est vrai, naturel et --

---

(1) Il est facile de remarquer que ceci a été écrit avant la Charte de 1830. (*Note de l'Editeur.*)

préhensible : tandis que les articles de foi de leurs, fougueux adversaires ne sont établis que sur des faits sans moralité, sur des merveilles, sur des mystères, sur des miracles opposés à la raison, à la nature et à Dieu même.

Cependant la vraie religion catholique, qui n'est point avouée ni exercée, n'en est pas moins existante, puisqu'elle est divine; mais elle ne se pratique que clandestinement et inaperçue au milieu des hommes de toutes les sectes et de toutes les nations, livrées à l'envie, à la jalousie, aux erreurs et aux préjugés; et c'est elle qui les protége encore au milieu des désordres de la servilité : sans elle, les hommes ne se rapprocheraient plus; les hommes s'effrayeraient en voyant leurs semblables, qui leur sont étrangers, et la bonté du cœur humain serait entièrement étouffée. Heureusement pour l'humanité, la vraie religion n'est point du ressort de la police des hommes; devant elle toutes les religions protégées par le despotisme deviennent nulles ; les philosophes, les sages, et tous les hommes qui réfléchissent, conçoivent que les ministres d'un culte de pouvoir obéissent au démon plutôt qu'à Dieu, en changeant, à leur **profit,** les pierres en pain, en se précipitant du haut du **temple** de la raison dans l'abîme des erreurs du monde ; et en employant le même esprit à envahir à leur profit toutes les richesses de la terre.

Les religions n'acquirent jadis leur caractère qu'au milieu des troubles et des désordres des gouvernemens despotiques : d'abord, elles prirent naissance dans les différentes sectes de philosophie qui, dans ces temps de malheur, cherchaient à connaître la source des misères publiques, pour y remédier ou pour les supporter avec résignation ; des écoles se fondèrent, où chaque secte discutait et éclaircissait ses idées ; et elles se sont élevées à de hautes pensées que l'on peut comparer à ces feux aériens qui s'éteignent en apparaissant. C'était la liberté d'esprit individuelle, sans appui, sans soutien, qui s'exhalait pour le bien de l'humanité, pour l'émancipation de la servitude et de l'ignorance. Une des sectes prévalut, parce qu'elle s'organisa et qu'elle s'associa la multitude ignorante : c'est la secte philosophique des partisans de la morale de J. C. Mais aussitôt que cette secte fut favorisée par le pouvoir, elle acquit bientôt la supériorité sur les autres, et repoussa avec énergie tous les systèmes des philosophes qui ne s'y rapportaient pas ; elle fonda ses dogmes, sa liturgie, et se mit en spectacle au public délaissé, isolé et divisé ; en ralliant le peuple, elle durcit, glaça et cristalisa, si j'ose m'expliquer ainsi, l'élan spirituel qui s'exaltait pour la recherche de la vérité ; et, afin que personne ne pût pénétrer au-delà de ce que sa puissance avait statué, elle remplit la société de personnages imbus de ses doctrines, pour les proclamer comme vérités parmi les hommes. Il est donc évident que toutes les sectes de philosophie et de religion ne doivent leur existence qu'à la tyrannie, à l'anarchie et au despotisme ; la source en est bien impure : ce n'est pas là ce que J. C. avait voulu fonder, ce n'est pas la vraie démocratie.

Donc, s'il y a un modèle à suivre, c'est sans doute celui que nous a donné Jésus, qui n'en fut pas l'inventeur ; c'était l'ouvrage de Moïse, qui lui-même avait pris la sage Égypte pour modèle. Tous deux eurent de grandes difficultés à surmonter ; tous deux réussirent à fonder des institutions qui n'existent plus, parce que le despotisme des nations les a anéanties, mais dont nous respectons encore les débris.

Il a fallu la révolution française pour réveiller dans les esprits le sentiment et le désir de la liberté. Mais trouver le moyen de l'obtenir sans la médiation d'un despote, la chose, si elle n'est pas impossible, n'est pas du moins aisée. Essayons néanmoins de jeter les bases d'un plan d'institution ; peut-être un prince éclairé et généreux mettra-t-il sa gloire à briser le cercle vicieux dans lequel tournent tous les souverains. La force des événemens, l'amour d'une brillante renommée, la nécessité ou un heureux caprice, peuvent amener cette révolution (1) ; car aujourd'hui tous les esprits sont avides d'événemens, et ne désirent rien tant qu'une grande réforme des vices, des abus qui réduisent les hommes à un état de nullité contraire à leur nature, qui est l'exercice libre de toutes les facultés intellectuelles, selon la bonté attachée à l'humanité.

----

(1) Cette révolution est arrivée ; ce prince généreux et éclairé s'est trouvé en France ; et, en attendant qu'elle se propage dans tout l'univers, la génération politique avance rapidement dans l'Europe. Ainsi le vœu philanthropique de l'auteur commence à s'accomplir.

(*Note de l'Editeur.*)

PLAN.

CHAPITRE PREMIER.

Existence civile.

Article 1er. Le territoire national est à tous collectivement ; il n'est à personne individuellement.

Art. 2. Il est indivisible, inaliénable et incessible en masse, en portions de masse et en fractions.

Art. 3. Les hommes occupant ce territoire forment une société où tous mettent en commun leur intelligence, leurs vertus, leur puissance, pour régir la propriété commune, la communauté des intérêts et des droits civils.

Art. 4. Cette société est désignée sous le nom de *Monarchie-aristo-démocratique*, ou de république sous ces trois bases.

Art. 5. Pour la stabilité et l'ordre de l'association, les citoyens sont organisés en famille perpétuelle.

Art. 6. Il y a deux sortes de familles : les familles rurales, pour l'exploitation des terres cultivables ;

Et les familles urbaines, pour l'exercice des arts et métiers mécaniques, sédentaires ou circulans.

Art. 7. Les familles rurales sont composées de mille individus de tout âge et des deux sexes ;

Et les familles urbaines, d'un nombre indéterminé, susceptible de réduction ou d'accroissement, selon les besoins, l'utilité et l'intérêt social.

Art. 8. Dans ces familles, la nation ne reconnaît point d'acte civil de mariage, de rang, d'état et de filiation.

Art. 9. L'union des sexes n'est fondée que sur la constance et sur la persévérance de leurs affections mutuelles, d'une libre volonté.

Art. 10. Les enfans qui naissent de ces unions restent aux soins et sous la protection des familles où ils sont nés.

Art. 11. Pour former une communauté d'intelligences, une puissante liaison de sentimens, une uniformité d'habitudes, de mœurs et de langage dans toutes les familles de la monarchie,

Aussitôt que les enfans mâles auront atteint leur septième année, ils seront réunis à la sous-division, et de-là dispersés dans les familles qui en dépendent;

Aussitôt que les enfans mâles auront atteint leur quatorzième année, ils seront réunis dans la division, et de-là dispersés dans les sous-divisions;

Aussitôt que les enfans mâles auront atteint leur vingt-unième année, ils seront réunis dans la famille centrale, et de-là répartis dans toutes les divisions, et des divisions aux sous-divisions, et des sous-divisions dans les familles de la monarchie;

De telle sorte qu'aucun, né dans une famille, ne puisse jamais y revenir vivre et mourir.

Art. 12. La nation peut contracter avec les nations voisines ou éloignées pour des intérêts commerciaux et de sûreté commune, mais aucun traité n'aura qu'une durée momentanée et ne touchera qu'à des intérêts qui doivent s'exécuter promptement.

Art. 13. Lorsqu'un traité perpétuel sera proposé, la première stipulation du traité sera l'établissement d'une communion d'institutions et de lois nationales, pour ne former à l'avenir des deux nations qu'une seule nation, ayant la même forme de gouvernement.

Art. 14. Toutes les années, dans le premier mois, la première dispersion des enfans de sept ans s'opèrera dans les sous-divisions;

Dans le troisième mois, les adolescens aux divisions;

Et dans le neuvième mois, par toute la nation et chez les nations alliées.

Art. 15. Chaque famille rurale aura son territoire cultivable;

Et les familles urbaines n'auront en territoire que l'emplacement de leurs maisons, jardins et vergers, et des terrains d'une production convenable à leur industrie.

Art. 16. Les forêts seront classées en forêts de sous-divisions, à l'usage des familles, et en forêts nationales qui ne s'exploiteront que d'après des lois annuelles sur le tableau des besoins.

Art. 17. Tous actes, tous traités, toutes conventions sont interdits de citoyen à citoyen, de famille à famille; il ne pourra jamais exister de stipulation valable entre eux.

Art. 18. La société, par ses lois annuelles ou journalières, règle tous les intérêts selon l'ordre et la hiérarchie établis.

Art. 19. A cette fin, toutes les familles fourniront

chaque année, à époque fixe, l'état exact de toutes les productions naturelles, industrielles et territoriales qu'elles auront recueillies, manufacturées et aménagées, par leur activité, leur travail et leur intelligence ;

ART. 20. L'état à déduire de celles nécessaires à leur consommation, et le réliquat excédant ;

ART. 21. L'état de tout ce qui manque à la famille, comme n'étant pas du crû et des produits de son sol et de son industrie.

ART. 22. Tous ces états ou tableaux seront dressés par les magistrats de la puissance exécutive, homologués par le conseil des anciens, et reconnus par la famille comme contenant la vérité.

ART. 23. L'excédant des produits naturels, industriels et territoriaux de chaque famille, distingués par famille, par sous-division et par division, en répartition ascendante, restera à l'unité, et représentera l'unique tableau des richesses nationales disponibles.

ART. 24. Cet excédant pourra être exporté chez les nations étrangères, d'après une loi nationale qui l'autorisera, en échange d'autres productions qui ne seront pas du crû ou de l'industrie du climat de la monarchie ; lesquelles seront distribuées aux familles par la puissance exécutive, sur une répartition opérée par division, par sous-division, et par famille.

ART. 25. Ces tableaux seront composés tous les ans par famille, par sous-division, par division et par unité, avec ceux des années précédentes, afin de reconnaître la hausse et la baisse, et de remédier aux abus particuliers qui seraient remarqués.

Aʀᴛ. 26. Comme l'existence actuelle des citoyens est opposée à l'existence nouvelle, et qu'il importe à la tranquillité de la génération présente de jouir paisiblement, d'après les habitudes qui l'attachent à ses propriétés, la présente organisation ne sera fictive seulement que pour cette génération.

Aʀᴛ. 27. En conséquence, et sans qu'il soit rien changé à l'ordre établi, il sera ouvert des registres, en nombre égal des proportions de la population à celle ci-dessus de chaque famille, où tous les citoyens seront inscrits, de manière à ce que la population entière soit comprise dans trente à quarante mille familles.

Aʀᴛ. 28. Pour la composition des familles rurales, la composition des villages et hameaux, en y comprenant le nom des propriétaires forins qui auront opté pour la famille où ils sont propriétaires, quoique moindre de mille individus, sera la liste provisoire de la famille et de son territoire.

Aʀᴛ. 29. Le territoire des villes et villages où la population excèdera mille, se divisera en deux, et en trois si elle excède deux mille, et ainsi de suite de mille en mille, pourvu toutefois que l'étendue du territoire se rapporte à cette division.

Aʀᴛ. 3o. Dans chaque famile, il y aura un bureau ou secrétariat divisé en cinq sections qui auront rapport aux cinq divisions de la magistrature de famille, pour y consigner tout ce qui a rapport à leurs fonctions particulières, afin que tout ce qui existe, tout ce qui se fait, s'exécute et s'accomplit dans la famille, soit à découvert et connu de tous.

Aʀᴛ. 31. Le sénat ou conseil des anciens de chaque famille aura aussi son secrétariat particulier, pour ce qui concernera les attributs de la souveraineté.

Art. 32. Il y aura des succursales qui dépendront de la famille, si le territoire exige une exploitation divisée.

Art. 33. Dans les villes ou autres places où s'exercent des manufactures d'arts et de métiers, la liste provisoire des familles sera composée en autant de registres de familles, qu'il y aura de différens genres d'industries, d'arts et de métiers, et ce, indépendamment des familles rurales sur leur territoire cultivable.

Art. 34. Il pourra s'opérer des réunions ou des suppressions d'états, jugés inutiles ou trop faibles.

Art. 35. L'excédant des citoyens des villes et ceux qui ne sont pas connus comme habitans, sans domicile fixe et sans propriété, ou à cause des fonctions qui s'éteindront, pourront se faire inscrire où ils voudront, pourvu que la famille rurale à laquelle ils voudront s'unir n'excède pas mille.

Art. 36. Il sera formé une égalisation de territoire de chaque famille, sans égard aux propriétés privées et au territoire des communes.

Art. 37. La propriété étant maintenue aux propriétaires actuels, par leur décès, cette propriété passera aux familles qui occuperont le territoire sur lequel elle sera placée, sans que les héritiers puissent se prévaloir des lois anciennes sur les successions, ni des dispositions testamentaires ou entre-vifs.

Art. 38. Les propriétés immobilières cesseront d'être aliénables.

Art. 39. Permis cependant aux pères et mères, pendant dix ans à compter de l'introduction de cette institution, de disposer de leurs biens en faveur de leurs enfans actuellement nés et existans, pour en jouir personnellement s'ils le veulent ; à défaut de cette disposition, leurs biens seront réunis aux familles, et leurs enfans en seront membres.

Art. 40. Ces familles fictivement formées seront organisées en magistrature, pour l'exécution graduelle du présent code, comme si elles l'étaient réellement, et saisiront de plein droit les biens des décédés sur leur territoire.

Art. 41. Les biens mobiliers et immobiliers des hôpitaux et de tous les établissemens civils et religieux actuellement existans sont dévolus de plein droit aux familles.

Art. 42. Le prince-instituteur de la nation assemblera un certain nombre de sujets éclairés et bien-veillans, à qui il donnera le présent code à méditer, et quand ils seront suffisamment instruits, il les dispersera dans tous les départemens, où ils seront chargés de se créer des collaborateurs, et à ceux-ci des disciples pour procéder simultanément à cette organisation.

Art. 43. Les enfans délaissés en minorité, ceux abandonnés de leurs parens, les pauvres, les invalides et tout particulier sans état, sans domicile, sans propriété, seront le premier noyau de la composition des familles, avec ceux qui renonceraient volontairement à leurs propriétés.

Art. 44. Tout propriétaire qui persistera à jouir de son bien, ne pourra ni construire, ni réparer le bâtiment de sa propriété.

Art. 45. Le pouvoir d'édifier des bâtimens n'appartiendra plus qu'aux familles, sur des plans faits et exécutés par des architectes ; tout l'art de l'architecture la plus riche et la plus solide sera employé dans ces édifications, et ces bâtimens seront ornés du plus grand luxe.

ART. 46. Chaque famille sera distinguée par des noms propres à chacune, et chaque individu n'aura qu'un seul nom.

ART. 47. Tous ces noms seront pris sur une liste de noms établis perpétuellement dans la famille.

ART. 48. Cette liste de noms aura des séries, 1.º pour les enfans jusqu'à sept ans ; 2.º pour les adolescens jusqu'à quatorze ans ; 3.º pour les jeunes gens jusqu'à vingt-un ans ; 4.º et enfin, pour les hommes faits, de vingt-un ans et au-dessus.

ART. 49. Les individus dispersés reprendront les noms des séries des familles où ils rentreront, afin que personne ne puisse dire positivement ni d'où il est, ni de quelle famille il sort.

ART. 50. Chaque famille est souveraine et indépendante de toutes les autres familles pour son gouvernement intérieur, sauf certains cas, où elle sera soumise aux ordres de la police générale.

ART. 51. Les hommes et les femmes parvenus à l'âge de trente ans, ont seuls voix délibérative dans les assemblées législatives ;

« Parce que l'éducation des femmes étant la même » que celle des hommes, ils prennent tous ensemble » pour le bien public le même intérêt ;

» Parce que, dans les gouvernemens despotiques, les » femmes ne sont comptées pour rien, et que, dans les

» gouvernemens libres, elles doivent être les reines
» des hommes, et les hommes les rois des femmes;
« similitude de puissance et de droit. »

Art. 52. Les jeunes gens de vingt-un ans et au-
dessous de trente, assisteront aux assemblées de famille en lieu séparé, et ils pourront être consultés et
donner leur avis;

Au-dessous de cet âge, ils assisteront aux assemblées sans lieu séparé.

« Et c'est pour inspirer à ces jeunes gens et à ces
» adolescens la tendre affection qu'ils doivent à la
» famille, exalter leur âme à l'amour de la patrie, et
» fixer leur esprit sur l'ordre social. »

Art. 53. Il y aura un costume national, qui sera
différencié pour les âges et les sexes.

Art. 54. Les magistrats auront une marque dis-
tinctive, non attenante à leur habillement.

Art. 55. Il sera établi un code de civilité et de
bienséance uniforme pour toutes les familles.

Art. 56. La conjonction des sexes ne sera per-
mise entre les jeunes gens qu'à titre de récompense de
leur bonne conduite; et chaque année l'assemblée de
famille, sur la liste établie par le conseil des anciens,
déterminera le nombre des permissions d'après le tableau de population, et conformément à l'ordre et à
l'harmonie de la famille.

Art. 57. Toutes les natures de contributions seront
supprimées sur les biens des familles mises en activité.

Art. 58. Toutes les créances, prétentions et actions
mobilières et immobilières, au profit de ceux qui re-
nonceront à leurs propriétés, seront remises à ceux
qui doivent; et les dettes seront éteintes.

« Conformément à *l'Oraison Dominicale*, qui n'a
» jamais été exécutée, quoique récitée tous les jours
» par de soi-disant Chrétiens. »

Art. 59. Tout créancier de l'état, devenu membre
d'une famille, renonce, par ce fait, à sa créance.

Art. 60. Les créances sur l'état ne peuvent plus ni
s'allouer ni se vendre ; elles ne peuvent se transmettre
que du père à l'enfant, pendant dix ans, si des dispositions ont été faites.

Art. 61. Ces créances s'éteignent par le décès
des titulaires.

CHAPITRE II.

De l'organisation des familles. — Puissance exécutive.

Art. 1er. Dans chaque famille il y aura cinq magistrats : le 1.er sous le nom de Patriarche ou père de
tous ; le 2.e sous celui d'Ordonnateur ; le 3.e sous celui de Vérificateur ; le 4.e sous celui de Pourvoyeur ;
le 5.e sous celui de Capitaine de travail.

Art. 2. Ces cinq magistrats, sous la présidence du
Patriarche, étant réunis en conseil, forment la puissance exécutive de la famille.

Art. 3. Ils délibèrent sur la manière d'exécuter
promptement les lois domestiques ou de famille, et
séparément ils les exécutent selon leurs attributions
particulières.

Art. 4. Le Patriarche est le rapporteur au conseil
des anciens de l'exécution des lois, des avantages ou
des inconvéniens que les lois ont fait naître dans leur
exécution, de la nécessité de celles à rendre ou à
réformer.

Art. 5. L'Ordonnateur provoque et poursuit l'exécution de toutes les lois rendues par la famille ; et rend compte de ses opérations.

Art. 6. Le Vérificateur inspecte tout ce qui tient à l'ordre intérieur en recette et en dépense ; et rend compte du résultat.

Art. 7. Le Pourvoyeur établit toutes les choses manquantes, et pourvoit à tous les besoins, soit pour améliorer, réparer et créer tout ce qui est nécessaire aux occupations de la famille ; et en fournit l'état.

Art. 8. Le Capitaine de travail met en mouvement tous ceux capables d'un travail manuel, et les dirige partout où il y a des travaux à faire et des exercices commandés pour l'instruction, le plaisir et l'utilité de la famille ; et rend compte de l'exécution.

Art. 9. Toutes les opérations de ce conseil sont consignées au secrétariat de la famille.

Art. 10. Le conseil choisit un secrétaire en chef et des sous-secrétaires.

Art. 11. Le secrétaire rédige tous les actes, consigne toutes les lois annuelles ou journalières, et tous les comptes, rapports ou états des magistrats, selon leurs attributions, qui sont homologués, sur la vérification du conseil des anciens, par la famille assemblée.

Art. 12. Ces cinq magistrats ont des substituts pour les suppléer momentanément en cas d'empêchement.

Art. 13. Outre ces magistrats, il y en a encore en sous-ordre, et en égal nombre aux parties divisibles des occupations de la famille.

Aʀᴛ. 14. Ils sont choisis par les magistrats, à qui ils doivent rendre compte suivant leurs attributions.

Aʀᴛ. 15. Ces sous-officiers seront pris parmi les jeunes gens de vingt-un à trente ans, sur une liste formée d'après leur réponse à cette question : *Qui aimez-vous le mieux pour vous diriger ?* ceux qui seront ainsi préférés par les jeunes gens, seront portés sur la liste des choix à faire.

Aʀᴛ. 16. Les jeunes gens ainsi choisis, et qui auront occupé des sous-offices, lorsqu'ils seront parvenus à l'âge de trente ans, formeront et seront compris sur la liste des éligibles à la magistrature.

Aʀᴛ. 17. Tous les magistrats sont éligibles annuellement.

Aʀᴛ. 18. Tous les citoyens, hommes et femmes, âgés de vingt-un ans, concourent à l'élection.

Aʀᴛ. 19. Seront retranchés de la liste des éligibles ceux qui seront parvenus à l'âge de cinquante ans.

Aʀᴛ. 20. Après les élections faites le premier jour de l'année, les magistrats sortant de fonction déposeront leurs insignes entre les mains des élus, qui entreront de suite en exercice.

Aʀᴛ. 21. Nul ne pourra être réélu qu'après deux ans d'interruption, pourvu encore qu'il n'ait pas atteint sa quarante-neuvième année.

CHAPITRE III.

Puissance législative de famille.

Aʀᴛ. 1ᵉʳ. Il y aura dans chaque famille un collége de prêtres ou anciens, qui sera composé de tous les anciens magistrats, âgés de cinquante ans.

Art. 2. Ils seront à vie membres de ce conseil.

Art. 3. Ils composeront ensemble la première section du conseil législatif.

Art. 4. Le conseil élira chaque année son président.

Art. 5. Tous les vieillards âgés de cinquante ans, hommes et femmes, formeront une seconde section du collége des prêtres ou anciens, seront consultés, et donneront leur avis sur les matières mises en délibération pour être soumises au vote de la famille.

Art. 6. Les attributions de ce conseil s'étendent sur la conduite des magistrats, sur la rectitude de leurs opérations; il reçoit les rapports de tout ce qui se passe dans l'intérieur, de ce qui fait obstacle à l'exécution des lois; examine et délibère sur la nécessité des lois à rendre, et les propose à la famille, pour être adoptées ou rejetées.

Art. 7. Le président de ce conseil tient les registres de population, les actes de naissance et de décès, requiert tous les états des richesses de la famille, naturelles, industrielles et territoriales, en consommation, en excédant et en manquant, et correspond par ascendance à la sous-division pour tout ce qui peut avoir rapport à la monarchie et à la formation des lois, soit particulières, de sous-division, de division et d'unité nationale.

Art. 8. Les conseils des anciens de toutes les familles de la monarchie, ont le droit de présenter des projets de lois nationales, des lois de division et des lois de sous-division, et de proposer tout ce qui peut concerner les avantages intérieurs, la sécurité et la richesse nationales.

Art. 9. Les lois nationales ne pourront être adressées à la famille centrale qu'après avoir été votées par la sous-division et par la division, et dans le cas seul où elles seraient acceptées.

ART. 10. Par voie ascendante, les sous-divisions et divisions feront rapport à la famille centrale de tous les événemens qui surviendront dans l'intérieur de la famille, de toutes les entreprises et découvertes qui se feront sur leur sol, et des phénomènes qui s'y remarqueront.

ART. 11. Le conseil des anciens de chaque famille désigne parmi ses membres les instituteurs des enfans, des adolescens et des jeunes gens, chargés en outre de les présider dans leurs exercices, et de les diriger dans leurs occupations manuelles, corporelles et spirituelles, en adoptant l'enseignement mutuel.

ART. 12. Il désigne les envoyés dans les sous-divisions pour la communication du résultat des votes des lois nationales, divisionaires et sous-divisionaires, des états ou tableaux des richesses naturelles, industrielles et territoriales, excédant les besoins de la famille; et de ceux des objets manquant à ses besoins, ainsi que des états de population, de naissances et de décès, par série d'âge, à chaque période de dispersion, pour en déterminer le résultat, et pour opérer la dispersion des enfans de sept ans dans toutes les autres familles.

ART. 13. Ces envoyés seront pris sur la liste des jeunes gens de vingt-un à trente ans, indiqués comme pouvant être élus pour les sous-offices de famille.

ART. 14. Le conseil des anciens choisit deux censeurs, chargés d'une police discrétionnaire sur tous les citoyens de la famille : ils avertissent ceux qui négligent leurs devoirs, ceux qui commettent des indiscrétions, des imprudences sur la civilité et les bienséances que tous doivent observer; ils réprimandent en présence de deux anciens; et, en cas de récidive, ils exposent la faute commise à la famille assemblée, qui statuera sur la peine.

Art. 15. Aucune peine ne sera déshonorante, ni servile, ni sanguinaire; une excommunication de quelques jours, la perte pour un temps du droit de voter sur les lois, seront des peines suffisantes.

« Les hommes policés ne sont point barbares. »

Art. 16. La souveraineté de famille est illimitée dans ses attributions, pour ce qui concerne ses intérêts, sa police et ses occupations intérieures.

Art. 17. Elle porte toutes les lois qui y ont rapport, et les exécute à l'instant; elle ne reconnaît point d'autre autorité en ce point essentiel de la tranquillité intérieure.

Art. 18. Elle est réputée individu par rapport à la nation, et son vote sur les lois nationales, divisionaires ou sous-divisionaires, n'est compté que pour une voix d'acceptation ou de rejet.

Art. 19. Elle est réputée sujette des lois nationales ou fractionnairement nationales. Quand la loi a été acceptée, la souveraineté de famille est obligée de concourir à son exécution.

Art. 20. La loi est l'expression de la volonté générale ou de la majorité de cette volonté; elle demeure réglée aux deux tiers des suffrages des citoyens de la famille, aux deux-tiers des suffrages des sous-divisions, et aux deux-tiers des suffrages des divisions, ainsi que de l'unité ou famille centrale.

Art. 21. Le recensement s'en fait, à la sous-division, par les envoyés de toutes les familles qui en dépendent; à la division, par les envoyés de la sous-division, désignés par le conseil des anciens; et à l'unité, par les envoyés désignés par le conseil des anciens de la division.

Art. 22. Tous les citoyens des deux sexes ayant droit de voter sur les lois, doivent assister à l'assemblée de famille, et donner leur suffrage; ceux qui y manqueront perdront leur qualité de citoyens pendant un an, pendant lequel temps ils seront réputés, dans la famille, valets, serviteurs ou idiots.

Art. 23. Ils pourront se faire réintégrer par une réclamation au conseil des anciens, qui la proposera à la famille assemblée, qui statuera par une loi.

Art. 24. Ni magistrats ni citoyens, de tout âge et de tout sexe, ne pourront s'absenter de la famille; vingt-quatre heures après leur absence, ils seront considérés comme valets, serviteurs ou idiots, et les magistrats seront réélus sur-le-champ.

Art. 25. La famille n'admettra jamais dans son sein des citoyens, quels que soient leur âge et leur sexe, d'autres familles de la monarchie, sans mission spéciale ou autorisée par le présent code; et elle n'accordera aucuns secours à de tels vagabonds.

Art. 26. Les étrangers qui auront quitté ou abandonné leur pays, ayant de l'instruction, ou qui seraient propres au travail manuel, seront admis dans la famille où ils se présenteront en vue d'occupation; et si, après un an de résidence avec une bonne conduite, ils déclarent adopter le régime de famille, ils seront reçus citoyens, et prendront les noms des séries de leur âge ; mais, s'ils désertent, ils ne seront reçus nulle part.

CHAPITRE IV.

Organisation de la monarchie pour l'exercice de la puissance souveraine.

Art. 1er. Par cinquante familles limitrophes, il y aura une famille désignée pour être le centre de cette sous-division.

Art. 2. Par chaque cent sous-divisions, il y aura une famille désignée pour être le centre de cette division.

Art. 3. Et pour toute la monarchie il y aura une famille centrale de cette unité.

Art. 4. Cette famille centrale sera le point de réunion de l'esprit, de la pensée et de la volonté nationale, pour ordonner et pour exécuter tout ce qui sera jugé devoir concourir à sa majesté, à sa prospérité et à son bonheur.

Elle sera le siége de la vie de tous les corps politiques, par voies ascendante et descendante des deux puissances spirituelles et corporelles.

§. Ier.

Organisation de la monarchie pour l'exercice de la puissance exécutive.

Art. 1er. Par cinquante familles limitrophes d'un arrondissement différent du premier, il y aura une famille désignée pour être le centre de cette sous-division.

Art. 2. Par cent sous-divisions, une famille sera désignée pour être le centre de cette division.

Art. 3. Et toutes les divisions auront le même centre d'unité que celle de la puissance ascendante.

§. II.

Art. 1er. Toutes ces familles-magistrats des deux puissances n'auront pas plus de pouvoir et d'autorité que les autres familles; elles auront également leurs occupations intérieures, leurs lois et leur police privées, et seront assujetties comme les autres à la police générale.

Art. 2. Toutes les familles procèdent, par la médiation des envoyés à jour déterminé, aux recensemens des états, des richesses naturelles, industrielles et territoriales; des états de population par séries d'âge et de sexe; des états des naissances et décès, et des votes des familles sur les lois.

Art. 3. D'après l'état général des richesses nationales, distraction faite de toutes les choses manquantes dans les divisions, la nation pourra, par des traités avec les nations étrangères ou avec les alliés, en faire l'échange avec des productions nécessaires à la nation, et qui ne seraient pas du crû ou d'un produit suffisant de leur sol et de leur industrie, pour, ces productions étrangères, être réparties selon les besoins.

Art. 4. Ces envoyés seront ascendans pour connaître le cumul de toutes les choses qui intéressent les besoins et l'ordre national jusqu'à l'unité, puis ces envoyés seront descendans pour en faire connaître le résultat et en opérer l'exécution.

Art. 5. Il y aura constamment des envoyés en circulation, afin que toutes les opérations nationales soient dans la plus grande activité.

« C'est bien ici la réalisation du songe ou de la vi-
» sion que Jacob eut dans son sommeil, au milieu des
» déserts où il s'endormit; mais cette réalité conti-
» nuera-t-elle d'être toujours une vision ? Oui : celui
» qui dort dans la peine en a ; mais celui qui dort la
» tête sur son oreiller n'en a pas ; il est sans esprit ,
» sans cœur et sans âme pour ses semblables. »

§. III.

ART 1er. La famille centrale ne pourra que pré-
sider, par la présence des présidens du conseil des anciens, des instituteurs et des censeurs, du patriar-
che et des autres magistrats de la famille, toutes les opérations que feront les envoyés dans le secrétariat national, qui aura son secrétaire spécial.

ART. 2. Par délibération, la famille centrale ré-
digera définitivement tous les projets de lois natio-
nales qui lui seront adressés par les divisions; elle les amendera, rectifiera, d'après les observations qu'elle pourra recevoir.

ART. 3. La famille centrale présentera tous les projets de lois qui auront rapport aux intérêts de la nation avec les nations étrangères non alliées.

ART. 4. Elle donnera connaissance, par la média-
tion des envoyés à la puissance descendante, de tous les événemens particuliers qui arrivent chez les nations étrangères, et à l'intérieur dans les divisions, dans les sous-divisions, et dans les familles, des novations, des inventions, des entreprises, des succès

ou des revers dont ces entreprises seront l'objet, ainsi que de tout ce qui est entrepris, des découvertes qui auront lieu dans les sciences et dans les arts.

Art. 5. Elle correspondra avec les puissances étrangères non alliées pour tous les intérêts qui auront rapport à l'exécution des obligations qu'imposeront les traités d'intérêt commun.

Art. 6. Pour cet effet, elle choisira un certain nombre des envoyés des divisions pour résider chez ces nations, procéder à l'exécution des traités convenus, prendre connaissance de tout ce qui intéresse la sûreté et la tranquillité de la monarchie, et pour communiquer à ces nations toutes les décisions nationales portées sur les événemens qui paraîtront intéresser la nation.

Art. 7. Elle recevra dans son sein les envoyés des nations non alliées : ces envoyés seront réputés membres de la famille, et ils y jouiront des mêmes droits que les citoyens.

CHAPITRE V.

De la Souveraineté nationale.

Art. 1er. Elle réside essentiellement dans l'opinion publique, éclairée préalablement sur tout ce qui doit la fixer.

Art. 2. Elle est une, spirituelle, divisible et indivisible tout à-la-fois; c'est la raison de tout le monde; c'est la religion de l'Etat.

Art. 3. Elle fait ses lois pour sa sûreté, sa prospérité et sa gloire;

Art. 4. Chaque famille fait, pour ce qui la concerne, ses lois domestiques; chaque sous-division, celles qui n'intéressent que la sous-division ; chaque division, celles qui intéressent toute la division ;

ART. 5. Et la nation fait les lois qui intéressent l'universalité.

CHAPITRE VI.

Police nationale particulière.

ART. 1er. S'il y a variations en hausse ou en baisse des produits naturels, industriels et territoriaux dans les familles, vérification sera faite pour reconnaître les causes de la hausse ou de la baisse.

ART. 2. Cette vérification sera faite par un examinateur nommé par les conseils des anciens de toutes les familles de la sous-division, qui se rendront dans toutes les familles où elles seront remarquées notablement.

ART. 3. Si la hausse provient d'une bonne administration, de l'activité, de l'intelligence et du zèle de toute la famille, ils en témoigneront la satisfaction au nom de toutes les autres par acte dressé et signé d'eux : ce sera un titre d'honneur.

ART. 4. Si la baisse résulte d'occasion ou d'accident, ils en feront rapport à l'assemblée de leurs familles respectives, et elles indiqueront un mode pour y pourvoir.

ART. 5. Si c'est par désordre, négligence, mésintelligence des esprits, ils examineront les personnes, la cause et le principe d'où part cette mésintelligence, sans faire aucun reproche.

ART. 6. Sur l'expédition faite à toutes les familles du rapport des examinateurs touchant les motifs et les causes de la mésintelligence, cette sous-division rendra une loi pour réhabiliter cette famille.

Art. 7. Le mode de réhabilitation sera l'extradition de la famille en trouble dans les autres familles de la sous-division , et de toutes les personnes, hommes ou femmes qui auraient causé ou entretenu le trouble; et la réintégration dans la famille divisée d'un même nombre de personnes de même âge et de même sexe.

Art. 8. Aucun membre d'une famille ne peut la quitter qu'en vertu de cette institution; et tout membre sortant pour n'y plus rentrer, de tout âge et de tout sexe, comme ceux qui sont envoyés par commission pour examiner, vérifier et faire rapport, ne le pourront que par un permis scellé du sceau de la famille.

CHAPITRE VII.

Police nationale générale.

Art. 1er. A l'époque de la dispersion des enfans de sept ans , tous seront réunis à la sous-division, et ils y seront exercés en commun à des manœuvres uniformes, à des exercices et à des instructions d'ensemble propres à donner à leur esprit le même jugement et les mêmes passions; ces exercices dureront huit jours.

Art. 2. A l'époque de la dispersion des adolescens, à l'âge de quatorze ans, tous se réuniront à la division, et ils y seront exercés en commun à des manœuvres uniformes , à des exercices et à des instructions d'ensemble propres à communiquer la même intelligence et les mêmes passions; ces exercices dureront quinze jours.

Art. 3. A l'époque de la dispersion des jeunes-gens de

vingt-un ans, tous se réuniront à la famille centrale, et ils y seront également exercés à tous les exercices d'ensemble, et recevront des instructions propres à élever et agrandir leur intelligence sur les intérêts nationaux; ces exercices dureront un mois.

Art. 4. Ces exercices finis, ils seront dispersés isolément comme il est expliqué.

CHAPITRE VIII.
Armée nationale.

Art. 1.er Elle se compose de tous les citoyens âgés de 18 à 45 ans.

Art. 2. Elle se divise en trois sections différentes : l'une de 18 à 25, la seconde de 25 à 35, et la troisième de 35 à 45.

Art. 3. La première sera désignée sous le nom d'armée des enfans perdus; la seconde, sous le nom d'armée d'élite, et la troisième, sous le nom d'armée des vétérans.

Art. 4. L'armée se mouvra par fraction ou en totalité, selon les événemens.

Art. 5. Elle ne sera point soldée.

Art. 6. Elle sera vêtue, nourrie et entretenue par les familles.

Art. 7. Un système de circulation du matériel des armées sera réglé et établi dans toutes les familles, de manière que tout ce qui est nécessaire à l'armée et se consomme journellement, se fasse par une communication proportionnelle de proche en proche.

Art. 8. Les officiers de l'armée sont les suppléans des magistrats des familles, des sous-divisions et des divisions.

Art. 9. Les officiers-généraux, à la tête des armées, sont les suppléans des magistrats de la famille centrale, de laquelle émanent tous les plans de campagne communiqués à toute la nation avant l'exécution.

Art. 10. La plus petite guerre donnera lieu au mouvement de toutes les forces publiques nationales.

Art. 11. Les généraux en chef ne pourront ni traiter ni capituler de leur chef.

« Faire la guerre et la bien faire, voilà tout. Si on la fait bien, l'ennemi n'est plus un ennemi, il n'est plus; car les guerres qui se font actuellement ne sont que des guerres de despote à despote, et les nations n'y ont point d'intérêt; c'est pourquoi on les voit traiter et capituler les armes à la main. Bonaparte en agissant ainsi, s'est fait l'esclave de ses ennemis, car il manquait de respect à sa nation; le malheureux croyait que son génie seul était celui de la nation, et il ne songeait pas à elle. »

Art. 12. Toute déclaration de guerre ne pourra être faite que par une loi dont les motifs seront établis par la famille centrale.

Art. 13. Cette famille centrale sera pourvue d'un superbe et spacieux logement; elle n'aura point d'autre traitement qu'un riche mobilier, des habillemens convenables et des provisions en abondance, afin qu'il n'y ait dans cette famille aucune cause de corruption.

« Les salaires sont de l'essence des gouvernemens
» absolus; ils sont trop bas, ils sont trop vils pour des
» hommes libres et égaux devant la loi. Avec des sa-
» laires on trahit sa patrie, on soulève les ambitieux,
» on précipite tous les hommes dans un état de cor-
» ruption, d'intrigue et d'effronterie. Il n'y a point de

» nation dans un pays à salaire, plus de magistrats s'ils
» sont salariés : ce sont alors de misérables serviteurs,
» qui, avec toute leur vanité et tous leurs pouvoirs,
» traînent après eux les calamités publiques , le dés-
» honneur, et une nullité complète, aussi odieuse que
» funeste à la société. »

Voilà, sur le plan d'une institution démocratique
et théocratique à la fois, ce que j'ai pu concevoir de
plus convenable : c'est un croquis auquel des amen-
demens et des corrections sont nécessaires pour le
rendre complet. Pour arriver aux grandes pensées
que je vous ai exposées, j'ai eu besoin que ma raison
ne m'abandonnât point au milieu des désordres qui
existaient dans le monde , et l'expérience de la révolution qui, s'opérant devant moi, a failli me conduire à
l'échafaud dans le plus beau moment de ma carrière ;
il m'a fallu la jeunesse, et une profonde méditation
sur la cause qui a produit tant d'événemens extraordinaires, l'exaltation des esprits, l'ignorance, l'erreur,
la trahison et la barbarie.

Abandonnant donc l'esprit des hommes du siècle, j'ai
cherché l'esprit de Dieu ; et j'ai trouvé que l'esprit de
Dieu était dans l'esprit collectif de tous les hommes,
qu'il était tout entier dans l'esprit de chaque homme
en particulier ; qu'en particulier , comme en corps
collectif, il abhorrait le désordre. J'ai recherché en-
suite quel était la source des désordres, et j'ai re-
connu qu'elle était dans la propriété privée, dans l'inégalité de condition, dans les priviléges et les distinc-

tions, dans l'isolement de chacune des différentes classes, dans les différens ordres, dans les différens états, et dans les rapports que tous ont entre eux; dans la manière d'exister, qui porte les hommes à agir les uns pour leur intérêt de corporations, et tous pour leurs intérêts personnels, pour leurs plaisirs, ou pour satisfaire leur vanité et leur cupidité particulières. J'ai vu enfin que, dans cet état civil terrestre et tout matériel, leur esprit était rapetissé, perdu; qu'ils étaient incapables de recourir à Dieu, à cette raison collective, à cette vérité unique qui n'existe qu'en lui; qu'ils étaient dirigés par un faux dieu que la faction sacerdotale leur prêche comme le véritable, toujours en vue d'intérêt terrestre. La vérité matérielle que cette faction proclame n'est pas la vérité divine et céleste, et c'est celle-ci seule, sans nul mélange de biens terrestres, que j'ai osé proclamer. Car le vrai Dieu est la vie, l'esprit et l'intelligence, dégagés de tout ce qui est matériel; c'est le vrai plaisir de l'existence: toutes nos facultés ne peuvent avoir d'autre tendance que la conservation de ce précieux bien, par l'harmonie des cœurs et le travail, pour être la parfaite image de l'ordre éternel de cet univers; ordre qui ne peut s'établir avec les pensées fausses, décousues et contradictoires dont sont agités les esprits dispersés par les sectes, les partis et les factions, qui sont naturels aux hommes sans patrie, sans dieu, conséquemment sans raison et sans justice. Les signaler, c'est préserver l'humanité des malheurs qu'elle doit redouter. En effet, de quoi s'occupe la secte qui a pris la qualité de chrétienne, qui elle-même est divisée en plusieurs sectes? Celle qui est dominante, déclarée religion d'état, par esprit de domination, étale de vaines disputes sur l'autorité et la puissance du Pape, comme chef de l'Église universelle; et l'église universelle n'a jamais existé que dans l'ambition de cette faction, qui est usurpatrice de sa nature, et qui vise à la domination des peuples et des rois. Si les peuples sont fanatisés, les rois sont sous leur joug, ils sont sans facultés; si les rois les favorisent, les peuples sont perdus, dégradés, ils ne sont plus rien; si le peuple méprise le sacerdoce, il y a nécessité pour le prince de réorganiser la nation, et de refonder la vraie religion, qui n'existe plus; car liberté et religion sont deux mots qui, parmi les aveugles et les faux docteurs, ont deux sens différens, mais qui de fait sont synonymes, et se conçoivent par celui de démocratie. En effet, la démocratie ne peut exister sans la réunion de plusieurs hommes n'ayant qu'une pensée, qu'un esprit, qu'un intérêt, qu'une volonté, qu'une action, parce que les hommes ne sont vraiment hommes qu'en présence des hommes; et c'est en présence des hommes que les belles et grandes âmes se manifestent, que leur esprit s'agrandit et les porte à l'union et à la concorde universelle. Ce sont les grandes choses qui élèvent les âmes, et ce sont les âmes élevées qui produisent les grandes choses. Oh! combien, par cette union, les esprits se trouveraient éclairés pour concourir au bonheur commun! oh! combien la foi serait grande par la science et l'expérience acquises en assemblée! Je dis donc que tant que la religion révélée, qui s'est étendue chez les nations gouvernées arbitrairement dans presque toutes les parties de la terre, par les intrigues du despotisme de la cour de Rome, ne sera pas unie et incorporée dans l'esprit des hommes par la démocratie, cette religion ne sera point établie d'après les principes de la révélation. On en a abusé; et c'est de la propriété privée, de l'inégalité des conditions, de la cupidité des richesses, réunie au pouvoir de les usurper et de se les approprier, que part la source de ce malheur inouï. Grands du monde, qui avez dans vos mains les richesses et la puissance, qui avez tant d'offices à vos gages pour répartir toutes les calamités sur la terre, n'oubliez pas que vous êtes semblables aux pauvres et aux malheureux que vous faites tous les jours; qu'ils sont vos frères, aussi grands que vous devant Dieu, c'est-à-dire devant l'esprit de tous les hommes; car le vrai Dieu est toujours au milieu des hommes rassemblés; et le jugement des hommes rassemblés est infaillible. Un homme et quelques hommes n'ont pas ce droit sur tous les hommes, ils sont usurpateurs; et ce n'est pas à une faction dominante qui s'établit contre le genre humain que cette maxime de l'Evangile s'applique: « Ce que vous aurez lié sur la terre sera lié dans le » ciel, et ce que vous aurez délié sur la terre sera » délié dans le ciel. » C'est à la démocratie seule que cette divine maxime appartient, parce que dans cet état civil les hommes sont parfaits, et ignorent la différence qu'il y a entre le vice et la vertu: c'est Dieu qui commande par lui-même.

Cette erreur capitale de l'esprit humain étant signalée, tous les faux raisonnemens, tous les faux principes donnés pour des vérités tombent, et tous ceux qui persévèrent à les maintenir sont les fauteurs du despotisme. Savans, éloquens orateurs, ministres habiles, administrateurs diligens, vous tous qui remplissez des

fonctions, salariées ou non, vous ne pouvez rien faire ,
ni rien faire de bien , parce que vos fonctions sont as-
sises sur de fausses bases , que vous êtes sans appui
pour agir solidement , par rapport à cette perpétuelle
ébullition des esprits qui ne se calmera que lorsque la démocratie sera fondée; et quand la démocratie sera fondée, qui osera alors se révolter contre
Dieu ou l'esprit collectif de tous les hommes, contre
Dieu , le seul souverain légitime du monde et des
mondes? La démocratie, l'antipode du pouvoir despotique , comporte, par son organisation, cette unité et
cette ubiquité spirituelle qui purge l'esprit et l'intelligence humaine de toutes les illusions civiles, politiques et religieuses qui naissent dans l'isolement et
dans l'individualité des intérêts, et les préserve des
révolutions , des bouleversemens et des désordres qui
sont constamment entretenus par les princes et les
factions qui circulent autour d'eux , et qui seront à
jamais les grands modèles et les provocateurs des sot-
tises de leurs sujets. Aussi le despotisme n'est point un
gouvernement national, tous sont fondés par la violence; et ceux qui constituent ce gouvernement ne
sont, dans un jugement raisonnable, que des factieux
qui se sont partagé les rôles différens qu'ils doivent
jouer pour corrompre et anéantir la raison publique ,
afin de pouvoir, avec quelque apparence de vérité,
accuser le peuple de légèreté et d'inconsidération, et
confirmer , par ce moyen , dans l'opinion des esprits
égarés, la légitimité de leur faux pouvoir.

Cependant, en réfléchissant et en examinant l'opinion publique sur les événemens qui arrivent et l'é-
branlent, on s'aperçoit que le peuple embrasse avec

chaleur, et quelquefois avec fureur, tout ce qu'il croit tendre à l'intérêt commun ; mais jamais, par l'intérêt particulier, il n'est excité, comme peuvent l'être les ressentimens et les passions d'un seul homme, ou d'un petit nombre d'hommes dévoués au pouvoir. Et le juge le moins faillible dans ces circonstances, est certainement la voix du peuple ; ce qui confirme à tous les esprits méditatifs et raisonnables que toujours tout a une tendance à la démocratie, à ce gouvernement recherché dès la plus haute antiquité, par cet instinct de ralliement à l'unité du bien commun, selon le vœu de la nature.

En l'absence de la démocratie, des factions se forment naturellement dans l'intérêt particulier de chacune d'elles, et contre les intérêts de la masse populaire, qui est sans organisation et sans puissance : les unes, privilégiées et autorisées, ou soldées par le pouvoir, sont en contraste avec les autres qui se forment clandestinement, par nécessité ou par la nature du cœur humain, qui ne se soumet jamais à l'état de nullité ; ou par cette inquiétude vague qui agite les hommes, lorsqu'ils n'ont rien de déterminé pour leur sûreté et leur existence. Une preuve évidente de la réalité de ce que j'avance, c'est l'antique faction sacerdotale, qui s'est constituée autorité divine, et qui, en cette qualité de ministre de Dieu, a créé des dogmes, des règles et des devoirs qu'elle impose à tous les peuples, et qui n'ont d'autre avantage que de lui assujettir et les peuples et les rois. Tel a toujours été le but de la cour de Rome : elle sait, par la plus sanguinaire des expériences, que quand les peuples sont fanatisés par les exercices prétendus religieux, les préjugés ne s'éteignent jamais, et que c'est au milieu des préjugés que son despotisme s'étend , se fortifie et s'éternise. Voyez encore d'autres organisations , qui ne sont que des factions, des partis, comme la hiérarchie judiciaire, pour défendre et juger, sur les intérêts privés des particuliers, d'après des lois obscures et changeantes à leur gré ; les associations de commerce et d'entreprise que la cupidité fait éclore; les corps militaires soldés et obligés de renoncer à leur intelligence et à leur patrie; les corps nobiliaires que la révolution avait abolis , mais que l'ambition et la vanité ont recréés; enfin, l'organisation financière, clef de la voûte de ce vaste édifice , dont toutes les parties forment ensemble le système du plus malheureux désordre qui puisse affliger une nation , puisqu'elle reste sans organisation , sans vigueur et sans âme , exposée à tous les caprices de ces différentes espèces de dominateurs, qui tous , avec d'innombrables cliens et aspirans , proscrivent la démocratie , par le prestige qu'ils ont reçu , en naissant au milieu de notre atmosphère de corruption , de ce péché originel qui nous fait tous enfans du démon. Qu'ils ouvrent enfin les yeux à la vérité , s'ils aiment la justice, et ils effaceront facilement cette tache , en recréant la démocratie que les hommes ont recherchée depuis qu'elle est perdue, et qu'ils rechercheront jusqu'à ce qu'ils l'aient retrouvée ; jusque-là point de justice, point de paix , point de tranquillité à espérer. Les savans publicistes , les âmes généreuses et équitables auront beau raisonner, discourir, et faire des lois et des livres, ils resteront toujours au - dessous de ces factieux en exercice, et n'opèreront jamais d'amélioration dans l'état. Leur injustice est si bien sentie dans leur âme, leur incapacité même, qu'ils tremblent à la moindre proposition de quelque réforme, de quelque organisation nouvelle; et, s'il en arrive, elles n'arrivent jamais sincèrement et de bonne foi.

Au commencement de la révolution, à l'époque de l'exaltation de la nation, l'assemblée dite nationale essaya de soulager le peuple par la suppression des dîmes et des droits féodaux, suppression bientôt illusoire, puisque les factions n'en furent ni éteintes, ni supprimées; et, si elles ne le furent pas, c'est parce qu'il est impossible à une corporation de quelques hommes, rassemblés avec des opinions si controversées de faire tout ce que peut faire un seul homme despote et maître, qui agit sur un plan vaste et complet; c'est, comme je l'ai déjà dit, l'unique fonction légitime de sa charge.

Si un despote voulait remplir ce devoir, s'il voulait régénérer sa nation, il le pourrait facilement en se constituant famille centrale et d'unité nationale avec les familles de bonne volonté, qui constituent son ministère, son conseil-d'état, sa chambre des pairs et sa chambre des députés, soumise à la règle commune et générale, et en étendant ce système de famille sur toute la surface du territoire national, avec la prudence et les moyens indiqués. Alors le gouvernement démocratique s'organiserait naturellement sans violence et sans secousse; les dettes de l'état et sa fiscalité s'étoufferaient sans plainte, ni murmure; et la chimère des richesses privées s'éteindrait dans l'amour de la patrie, de l'ordre et de la tranquillité publique. Il faut bien concevoir que le centre d'un gouvernement légitime est l'image et la ressemblance du centre matériel du globe ; le soleil ne luit que sur sa surface , et c'est sur cette surface que sont la lumière , la vie et la vérité. Il n'est que cette seule manière de tarir toutes les sources d'anarchie qui surgissent perpétuellement sous le régime occulte d'un pouvoir despotique.

A. — Avant de finir l'entretien sur la plus importante question qui puisse être traitée entre les hommes , j'ai encore à recueillir votre opinion sur l'usage de l'or et de l'argent monnayés. Vous ne faites consister la richesse d'une nation que dans les produits naturels , industriels et territoriaux. Dans la répartition qui s'en opère entre les familles par la cessation de tout commerce , de toutes négociations de particulier à particulier et de famille à famille , par l'interdiction de vendre ou d'acheter quoi que ce soit , les monnaies deviennent donc inutiles ?

B. — Oui ; mais un despote qui veut l'être toujours , vous le savez par expérience , ne peut pas gouverner l'esprit et l'intelligence nationale dans ses intérêts et ceux du pouvoir , sans argent ; sans argent , sa puissance tomberait : l'anarchie des intérêts qui en résulte dans le public , est pour lui un trésor perpétuel. C'est le principe des mœurs et de la religion qui s'exerce actuellement , qui met en activité tous les vices dans tous les états , dans toutes les fonctions que chacun cherche à occuper pour son intérêt personnel , au moyen des contributions directes et indirectes multipliées à l'infini ; tout est au despote , corps et biens de tout ce qui compose ses états. Telle est la doctrine que lui enseignent tous ceux qui sont , ou que la fortune appelle à être ses conseillers ; et il peut disperser arbitrairement , selon sa faiblesse ou ses passions particulières , plus que ses recettes, peu lui importe; son aveuglement en ce point est si grand, qu'il est pleinement convaincu de la justice de son pouvoir par l'adhésion aveugle de ses ministres, des courtisans et de cette masse de salariés qui ne conçoivent de bien-être que dans les fictives richesses que leur amène la dilapidation des revenus de l'état, richesses qui, extraites de la trésorerie, lui sont reprétées avec intérêt, et augmentent perpétuellement les charges des contribuables. Aussi personne ne prend intérêt au sort de la patrie, ni au peuple qui supporte ce grand poids; on ne le considère que comme une masse lourde, insensible, engourdie par son ignorance, sa faiblesse, et par la facilité avec laquelle on lui enlève le fruit de sa peine et de sa sueur. Cette grave erreur des monarchies absolues tomberait par la démocratie, qui ne permet plus que ce qui se pratiquait subsiste: il en résulterait nécessairement que l'or et l'argent monnayés ne devraient plus être que des métaux à employer en meubles et en ornemens; ou plutôt le meilleur usage que l'on pourrait en faire, serait de l'employer, dans le commencement de la fondation de cette institution, à acheter la paix des puissances voisines qui voudraient s'opposer à cette importante réforme.

Soyez persuadé que cet or serait pour elles bien funeste: en augmentant leurs richesses de fictions, à coup sûr elles augmenteraient leurs vices et leurs faiblesses; mais une fois l'institution accomplie, le bonheur du peuple fixé, et son pouvoir établi, elles en seraient bientôt étonnées et frappées, elles désireraient imiter et faire alliance avec une nation ainsi rétablie en honneur et en gloire, gloire d'autant plus solide, que toutes les passions individuelles seraient enchaînées par l'amitié et la confiance, révoquées par l'amour de la patrie, et mises en équilibre de masses pouvant s'agiter, s'exhaler et flotter comme les vagues de la mer, sans troubler la pureté des mœurs, ni dépasser les limites établies par la bonté du cœur humain.

Comme le soleil, la démocratie peut avoir des taches, des nuages peuvent briser ses rayons, mais la lumière prédomine toujours, puisque l'opinion publique a toujours la supériorité sur la science et la sagesse des sages et des savans prétendus. Oh! combien de sciences sans sodilité; oh! combien de sagesses inconsidérées ; oh! combien de nations troublées, divisées par elles! On se propose, dit-on, à la session prochaine, de présenter aux chambres une loi sur l'organisation municipale et départementale: je ne peux concevoir comment il est possible, d'après l'institution pyramidale qui existe, et l'état de nullité où est mise la nation par les deux puissances centrales et descendantes, de faire quelque chose de bien. Je ne vois dans ce projet qu'une aggravation, qu'une répartition de ces pouvoirs matériels, dont l'effet ne doit produire que des chocs humilians entre les passions individuelles, entre les coteries et les factions qui naissent naturellement, quand tous les citoyens sont isolés, que leurs intérêts sont divisés, que leurs fortunes sont inégales et leurs croyances incertaines (1).

---

(1) Si, en traçant ces lignes désespérantes, l'auteur eût pu prévoir notre heureuse régénération de 1830, il n'eût pas fait un si affreux tableau des effets de notre système législatif; et les lois municipale et départementale que nous attendons ne lui auraient pas semblé devoir être si funestes à la société.

Quoique le plan d'organisation proposé dans cet ouvrage ne soit

Ces désordres ressortiront nécessairement de ces deux grands pouvoirs, dont l'un a son centre à Rome et l'autre à Paris, multipliant chacun en particulier leurs agens jusque dans les communes. Si ces deux pouvoirs sont en concordance, les citoyens sous leurs dépendances seront surchargés de dogmes, de rites, de lois, de services accablans; s'ils sont divisés, il y aura factions, troubles et désordres: telle est l'alternative où doit flotter avec douleur l'homme pensant. Quand la trame d'une institution est manquée, la faute se poursuit dans toutes ses conséquences.

Deux despotismes écrasent les nations, deux basilics font mourir l'esprit, le jugement et la raison de tout le monde; il n'y a plus pour les hommes de Dieu, gardien de Dieu, protecteur du Dieu sauveur, il n'y a plus que fatalité, hasard, et tous les vices de l'ambition individuelle sur lesquels reposent nos pensées, nos jugemens et nos actions. Que de génies étouffés, que de savoir et de talens perdus pour la patrie dans le vague des passions qui se rapportent à cet état de choses! ce sont des fleurs sans fruits, ou qui ne produisent que quelques fruits amers : tout le monde vit d'illusions, le gouvernement de fait est cru vrai; le pouvoir ordonne, et personne ne dit mot : la plainte serait inutile. Un laisser-faire, un laisser-aller sont la dernière ressource de l'homme sans faculté, sans pou-

---

pas encore adopté en France ; quoique son adoption semble même fort difficile, pour ne pas dire impossible, l'auteur de ce plan est trop juste pour ne pas convenir aujourd'hui des importantes améliorations apportées dans notre gouvernement ; et il ne peut manquer d'applaudir aux principes de notre *monarchie-démocratique*.

(*Note de l'Éditeur.*)

voir, sans liaison au droit civil; espérant vivre en paix dans sa maison, il y est bientôt inquiété par la fiscalité, troublé par ses voisins et par ceux avec qui il a des relations d'affaires, et jusque dans sa propre famille, quand ses enfans sont parvenus à l'âge viril. Aussi tout le monde désire une réforme qui fasse disparaître des nations les colossales richesses individuelles, l'esclavage et la misère publique; et rien n'est plus propre à parvenir à ce but qu'une bonne organisation municipale, avec des pouvoirs entièrement différens de ceux qu'on lui a attribués jusqu'ici: c'est par elle que doit exister la vie du corps politique, c'est la base de sa fortune, de sa puissance et de sa gloire. L'intérêt individuel a envahi les propriétés et les richesses nationales, et c'est à une magistrature municipale à les faire restituer, dans le même ordre qu'elles ont été envahies. Un territoire appartient à une communauté d'habitans qui l'exploite, et les fractions de ce territoire doivent cesser d'appartenir à l'individualité. Donner à la puissance municipale le droit de les reprendre au décès de leurs possesseurs, et rallier leurs familles à la famille municipale: tout cela peut s'opérer sans secousses, ni désordres, ni violences; c'est un nouveau droit établi qui ne peut inquiéter les vivans; et toute organisation municipale qui serait contraire à ce principe, ne sera jamais qu'une déception.

A. — Cela est vrai, et votre système peut facilement se réaliser dans le cours d'une génération. Ainsi la société serait réhabilitée dans le bonheur qu'elle a perdu par le placement de toute autorité et de tout pouvoir aux mains de l'individualité; bonheur assuré à la nation tout entière par la médiation de l'esprit d'unité spirituelle qui peut se manifester avec la plus grande célérité. Cet esprit national, cette puissance théocratique, ne varient jamais; ils sont autres que l'esprit et la puissance de quelques hommes passagers, que leurs passions poussent à leur intérêt particulier, sans peu s'inquiéter du sort des peuples. Aussi, depuis des siècles, on a constamment vu les puissans envahir les propriétés publiques, en faire leur bien propre, sans autre titre que le droit du plus fort; tandis que lorsque la puissance n'est plus dans la main des hommes, personne ne possède ni ne peut posséder que ses facultés et son intelligence, dont il sait faire usage pour le bonheur de tous et la paix générale. Personne ne peut contredire, ni même s'offenser, si ce n'est des hommes méchans, vains ou présomptueux. Avant notre entretien, je méprisais vos discours politiques, j'étais comme la multitude des raisonneurs, je ne croyais vrai que ce que je concevais au milieu de l'erreur commune des esprits. Maintenant je pense comme vous, et je trouve que le plan de votre institution concorde parfaitement à l'esprit de l'Evangile; il en sera de même pour quiconque se donnera la peine d'en pénétrer le sens. Oui, je pense que vous avez enfin dénoué le fameux nœud gordien de l'antiquité, qui subsiste encore, quoiqu'Alexandre l'ait tranché, dit-on, avec son sabre, aux acclamations des spectateurs ses courtisans, aussi insensés que lui.

FIN.